本書は、世界最大のニュース専門テ　　　　　　　　　　　　　ニュースを20本選りすぐって収録したものです。1本は、集中力を切らさずに聞き通せる、30秒ほどの長さになっています。

　付録のCDには、CNNの放送そのものである「ナチュラル音声」のほか、ナレーターがゆっくり読み直した音声が「ポーズ（無音の間）入り」と「ポーズなし」で収められています。これら3パターンの音声を使ってリスニング練習を行うと、世界標準のニュース英語がだれでも聞き取れるようになるはずです。[30秒×3回聞き]方式と本書が呼ぶこのリスニング練習には、通訳者養成学校でも採用されているサイトトランスレーションや区切り聞き、シャドーイングといった学習法が取り入れられているからです。

　日本語訳を見て英語に戻す「反訳」を行うことで、発信型の練習もできます。

　巻頭に「3つの効果的な学習法」および「本書の構成と使い方」という記事があるので、実際の練習に入る前に目を通しておくことをお勧めします。

　なお、アメリカ英語（カナダ英語を含む）、イギリス英語、オーストラリア英語のニュースがバランスよく配分されていることも本書の特長です。ニュースの発信地も、アメリカとイギリスはもとより、日本や中国、オーストラリア、インド、インドネシアなど多彩ですから、最後まで興味深く聞き進められるでしょう。

　TOEIC®テスト形式の問題や発音の解説、重要ボキャブラリーやニュースの関連情報なども掲載されています。活用し、より正確な理解の助けとしてください。

　また、本書のご購入者には電子書籍版(PDF)とMP3音声（付録CDと同一内容）を無料で提供させていただきます。入手方法は巻末にありますので、ご覧ください。

　最後に、本書収録のコンテンツは月刊英語学習誌『CNN English Express』の記事・音声を再編集したものであることをお知らせしておきます。新鮮なニュースと役立つ学習情報満載の雑誌は、本書と並行してご使用いただいても有益です。

2020年3月
『CNN English Express』編集部

CONTENTS

　本書は「30秒×3回聞き」方式を採用しています。これによって、だれでも世界標準の英語ニュースが聞き取れるようになるはずです。

　「30秒×3回聞き」方式とは、30秒という集中力が途切れない長さのニュースを、3種類の音声で聞くというものです。そのため付録CDには、各ニュースが「ナチュラル音声」、「ゆっくり音声（ポーズ入り）」、「ゆっくり音声（ポーズなし）」という3種類で収録されています（ダウンロード提供するMP3音声も同一内容です）。また、文字としてもそれらに対応する形の英文が掲載されています。

　これらの音声や英文は、ただ単に聞いたり読んだりするのではなく、以下に示すサイトトランスレーション、区切り聞き、シャドーイングという3つの学習法と結びつけることで高い効果を生むようになっています。

❶速読能力が高まるサイトトランスレーション

　俗に「サイトラ」と呼ばれます。英語でつづるとsight translationです。sightは、名詞として「視力、視覚」、形容詞として「見てすぐの、初見での」という意味を持ちます。目にしたところからすぐに訳していくのがsight translationです。

　サイトラの練習では、英文を頭から語順通りに目で追い、情報・意味の区切り目と思われる個所にスラッシュ（／）を書き入れ、区切られた部分をすぐに訳します。それを英文の最後まで次々と繰り返すのですが、こうした訳し方を「順送りの訳」と呼ぶこともあります。

　なお、英文をどのくらい細かく区切るか、どこを情報・意味の区切り目としてスラッシュを入れるかは人それぞれでよく、絶対的なルールがあるわけではありません。

利点・効能 ｜ サイトラを行うと、書かれた英文がその語順通りに理解できるようになり、自然と「速読」に結びつきます。そして、英文を素早く理解できるようになるということは、英文を英文としてそのまま理解できるということにつながっていきます。また、「読んで分からないものは聞いても分からない」という原則に従えば、サイトラの速読能力が「区切り聞き」で養う速聴能力の土台になるといえます。

本書での学習法 ｜ 本書では、各ニュースに、普通の英文とスラッシュで区切られた

英文、およびそれらの訳文を掲載しています。まずはスラッシュで区切られた英文を順番にどんどん訳していき、掲載の訳文で正しく理解できたか確認しましょう。

　本書で示されたスラッシュの入れ方や訳文はあくまで一例です。これに従ってしばらく練習しているとサイトラのやり方が感覚的につかめてきますので、やり方が分かったら、普通の英文を自分なりの区切り方で訳してみると、よい練習になります。また、区切られた日本語訳の方を見ながら順番に英語に訳していく「反訳」（日→英サイトトランスレーション）を行うと、英語での発信能力が格段に向上します。

練習のポイント ｜ サイトラはなるべく素早く行うことが大切です。英文は「読んだ端から消えていくもの」くらいに考えて、次々と順送りの訳をこなしていきましょう。そうしているうちに読むスピードが速くなるはずですし、区切り聞きにもつながります。

❷速聴能力が高まる区切り聞き

　サイトラをリスニングのトレーニングに応用したのが、「区切り聞き」と呼ばれる学習法です。サイトラでは英語が目から入ってきましたが、区切り聞きでは英語が耳から入ってくることになります。

　区切り聞きの場合、英文にスラッシュを入れる代わりに、情報・意味の区切り目と思われる個所でオーディオプレーヤーを一時停止させ、すぐに訳します。その部分を訳し終えたら再び音声を先に進め、同様の作業を繰り返していきます。

利点・効能 ｜ 区切り聞きを行うと、話された英文がその語順通りに理解できるようになり、自然と「速聴」に結びつきます。そして、英文を素早く理解できるようになるということは、英文を英文としてそのまま理解できるということにつながっていきます。

本書での学習法 ｜ だれでも英語ニュースが聞き取れるようになるよう、本書では区切り聞き練習を重視しています。付録CDに収録されている「ゆっくり音声（ポーズ入り）」を利用することで、オーディオプレーヤーを自分でいちいち一時停止させる

面倒がなくなり、区切り聞きがしやすくなっています。ポーズ（無音の間）の位置は
サイトラのスラッシュと同じにしてありますが、ポーズで区切られた部分を素早く
訳していきましょう。

　付録CDには、各ニュースが「ナチュラル音声」、「ゆっくり音声（ポーズ入り）」、
「ゆっくり音声（ポーズなし）」の順番で入っています。まずは「ナチュラル音声」を
聞いて全体の内容を推測し、次に「ゆっくり音声（ポーズ入り）」を使った区切り聞
きで部分ごとに順番に理解できるようになり、その後「ゆっくり音声（ポーズなし）」
で全体を頭から素早く理解していくことができるかどうか試してみてください。

　付録CDの最後には、全ニュースのナチュラル音声だけを集めて、もう一度収録
してあります。これらを頭から素早く理解していけるようになるのが最終目標です。

練習のポイント ｜ 音声は流れる端から消えていってしまいます。英文を後ろから前
に戻って理解するなどということはできないため、耳に入った文を瞬時に理解する
英語力と集中力が求められます。このトレーニングによってリスニング力は必ず向
上するので、集中力を高める訓練をするつもりで挑戦してみましょう。

　特にニュースを聞く場合、背景知識があると情報がすんなりと頭に入りますか
ら、日ごろからいろいろな記事について興味を持っておくことも大切です。本書に
は「ニュースのミニ知識」や「ワンポイント解説」が掲載されているので、役立てて
ください。

　英文は論理的と言われますが、特にニュースでは、全体の起承転結の流れはもち
ろん、ひとつのセンテンスの中でも、「①だれ（何）が ②だれ（何）に対して ③何を
④いつ ⑤どこで」という情報がかなり秩序だって含まれています。このような情報
を意識して聞くと、リスニングも楽になります。

❸総合力を養うシャドーイング

　シャドーイングは英語でshadowingとつづります。shadowという語には動詞とし
て「影のように付いていく」という意味がありますが、学習法としてのシャドーイン
グは、聞こえてくる英語音声を一歩後から追いかけるようにリピートしていくもの
です。オリジナルの英語音声に遅れないように付いていく様子が「影」のようなの

で、こう名づけられました。

利点・効能 | シャドーイングは、今聞いた音声をリピートしながら、同時に次の音声のリスニングも行うというものなので、アウトプットとインプットの同時進行になります。そのため同時通訳のトレーニングとして普及しましたが、一般の英語学習者にも有益であることがいろいろな研究で認められています。

　通常のリスニング練習は学習者が音声を聞くだけ、すなわち受動的なやり方であるのに対し、シャドーイングは学習者の参加を伴うもの、いわば能動的な学習法です。この能動的な学習法は、受動的なものに比べ、よりいっそう集中力を高める訓練になり、リスニング力を向上させます。また、正しい発音やイントネーションを身につける訓練にもなり、ひいてはスピーキング力を高めるのにも役立ちます。

本書での学習法 | シャドーイングは難易度の高い学習法なので、「ナチュラル音声」でいきなり練習するのではなく、最初は「ゆっくり音声（ポーズなし）」を利用するのがよいでしょう。それでも難しいと感じる人も多いでしょうから、「ゆっくり音声（ポーズ入り）」から始めるのも一案です。ポーズが入った音声を用いるのは本来のシャドーイングとは違うという考え方もありますが、無理をして挫折することのないよう、できることから始めてください。

練習のポイント | シャドーイングでは、流れてくる音声を一字一句リピートしなければならないため、ひとつひとつの単語に神経を集中するあまり、文全体の意味を把握できなくなることがよくあります。きちんと論旨を追いながらトレーニングすることが大切です。

　ただし、区切り聞きのように日本語に順次訳していこうと思ってはいけません。英語を正確に聞き取り、正確な発音とイントネーションでリピートしようとしているときに、頭の中に日本語を思い浮かべていては混乱するだけだからです。シャドーイングには、区切り聞きから一歩進んで、英語を英語のまま理解する力が必要になってきます。

　もしも英語でのシャドーイングがどうしても難しすぎるという場合は、まず日本語でシャドーイングする練習から始めてみましょう。

本書では各ニュースに2見開き(4ページ)ずつ割り振ってありますが、それぞれの見開きは以下のように構成されています。

パターンA

① CDのトラック番号

付録CDには、各ニュースが「ナチュラル音声」、「ゆっくり音声(ポーズ入り)」、「ゆっくり音声(ポーズなし)」という3種類で収録されています(ダウンロード提供するMP3音声もCDと同一内容です)。また、CDの最後には、全ニュースのナチュラル音声だけを集めて、もう一度収録してあります。これらのうち「ゆっくり音声(ポーズ入り)」を除いたトラック番号が最初の見開きに示されています。「ゆっくり音声(ポーズ入り)」のトラック番号は次の見開きにあります。

なお、「ナチュラル音声」はCNNの放送そのままですが、「ゆっくり音声」は学習用にプロのナレーターが読み直したものです。

② アクセント

「ナチュラル音声」のアクセント、すなわちCNNキャスターのアクセントを表しています。本書は、アメリカ英語(カナダ英語を含む)のニュース10本、イギリス英語のニュース5本、オーストラリア英語のニュース5本をピックアップし、アクセント別に構成してあります。これらのアクセントはTOEIC® L&Rテストのリスニングセクションにも採用されているので、受験対策としても役立ちます。なお、「ゆっくり音声」のナレーターは基本的にアメリカ英語です。

③ ニュースのトランスクリプト

「ナチュラル音声」で30秒前後の短いCNNニュースのトランスクリプト(音声を文字化したもの)です。重要ボキャブラリーで取り上げている語には色をつけてあります。

④ リスニングのポイント

このニュースに見られる音の変化や発音の特徴などが解説されています。アメリカ英語の最初のニュース2本およびイギリス英語とオーストラリア英語の最初のニュースだけに付いている記事です。

⑤ ニュースの日本語訳

③のトランスクリプトに対応した日本語訳です。

⑥ 重要ボキャブラリー

各ニュースから5つずつ取り上げています。ニュースの文脈の中で使い方やニュアンスをつかみながら、ボキャブラリーを増やしていきましょう。なお、巻末には「ボキャブラリー・チェック」が付いていますので、復習に利用してください。

⑦ ニュースのミニ知識

このニュースの背景や関連情報が記載されています。背景知識があると、英語を聞いたときに情報がすんなりと頭に入ります。

⑧ ニュースの発信地

ニュースの舞台となっている国・地域または団体・組織などを示します。

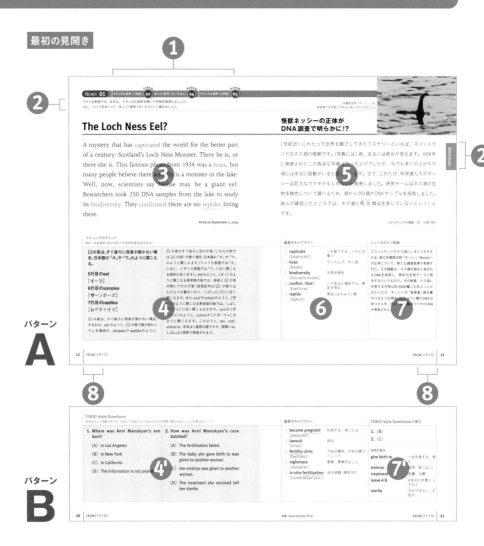

1

2

News 01 ナチュラル音声 [1回目] **02** ゆっくり音声 [ポーズなし] **03** ゆっくり音声 [ポーズ入り] **04** ナチュラル音声 [2回目] **63**

アメリカ英語です。まずは、ナチュラル音声を聞いて内容を理解しましょう。
次に、ページをめくって、ゆっくり音声 [ポーズ入り] に進みましょう。

本編収録の生物「ネッシー」は、
最未確認生物とであると信じられてきました。

The Loch Ness Eel?

怪獣ネッシーの正体が DNA調査で明らかに!?

A mystery that has captivated the world for the better part of a century: Scotland's Loch Ness Monster. There he is, or there she is. This famous photo from 1934 was a hoax, but many people believe there actually is a monster in the lake. Well, now, scientists say Nessie may be a giant eel. Researchers took 250 DNA samples from the lake to study its biodiversity. They confirmed there are no reptiles living there.

Aired on September 7, 2019

1世紀近くにわたって世界を魅了してきたミステリーといえば、スコットランドのネス湖の怪獣です。(写真には) 彼、あるいは彼女が見えます。1934年に発表されたこの有名な写真はでっち上げでしたが、今でも多くの人がネス湖には本当に怪獣がいると信じています。さて、このたび、科学者たちがネッシーは巨大なウナギかもしれないと発表しました。研究チームはネス湖の生物多様性について調べるため、湖から250個のDNAサンプルを採取しました。彼らが確認したところでは、ネス湖に爬虫類は生息していないということです。

(2019年12月号掲載) [訳 名高749]

Americal

2

リスニングのポイント

解説：清塚雄志 (青山学院大学国際政経学部准教授)

[l] の音は、すぐ後ろに母音が続かない場合、日本語の「オ」や「ウ」に聞こえる。

5行目のeel
[イーヨ]
6行目のsamples
[サーンポーズ]
7行目のreptiles
[レプタイオズ]

[l] の音は、すぐ後ろに母音が続かない場合、すなわち、eel のように、[l] の音で終わっている場合や、samples や reptiles のように...

[l] の音のすぐ後ろに別の子音 [これらの例では [z] の音] が続く場合、日本語の「オ」や「ウ」のように発音されます。eel のように、[イーヨ] のように、最後の母音のような音...

重要ボキャブラリー

□ **captivate**
[kǽptəveit]
□ **hoax**
[hóuks]
□ **biodiversity**
[bàioudəvə́rsəti]
□ **confirm (that)**
[kənfə́rm]
□ **reptile**
[réptail]

〜を魅了する、〜の心を捉える
でっち上げ、作り話
生物多様性
〜であると確認する。確証を得る
爬虫 (はちゅう) 類

ニュースのミニ知識

スコットランドのネス湖にいるとうわさされる、謎の未確認生物「ネッシー (Nessie)」の正体について...

4 **5** **6** **7**

12 FROM [イギリス]

FROM [イギリス] 13

パターン A

8 **8**

TOEIC-style Questions

内容を正しく把握できたか、TOEIC® L&Rテスト Part 4 方式の問題で確かめましょう。[正解はスペ...

1. Where was Anni Manukyan's son born?

(A) In Los Angeles
(B) In New York
(C) In California
(D) The information is not provid...

2. How was Anni Manukyan's case botched?

(A) The fertilization failed.
(B) The baby she gave birth to was given to another woman.
(C) Her embryo was given to another woman.
(D) The treatment she received left her sterile.

重要ボキャブラリー

□ **become pregnant**
[prégnant]
□ **lawsuit**
[lɔ́ːsuːt]
□ **fertility clinic**
[fərtíləti]
□ **nightmare**
[náitmèər]
□ **in vitro fertilization**
[fərtəlizéiʃən|-lai-]

妊娠する、身ごもる
訴訟
不妊治療院、不妊治療クリニック
悪夢、悪夢的なこと
体外受精 (給付)

TOEIC-style Questionsの答え

1. (B)
2. (C)

設問の語法
give birth to 〜を出産する、産む
embryo 胚、胎 (はい)
treatment 治療、治療
leave A B AをBの状態に...
sterile 子供ができない、不妊の

4 **7**

パターン B

20 FROM [アメリカ]

写真：Dave Herholz/flickr

FROM [アメリカ] 21

パターンB

4 **TOEIC-style Questions**

ニュースの内容が理解できたかどうかを確かめる問題です。TOEIC®L&Rテスト Part 4と同じ4択形式です。全20本のニュースのうち、アメリカ英語の最初の2本とイギリス英語・オーストラリア英語の最初の各1本を除いた、16本のニュースに付いています。

---

7 **TOEIC-style Questionsの答え**

4の問題の答えです。設問の語注も掲載されています。

---

①　CDのトラック番号

「ゆっくり音声 (ポーズ入り)」のトラック番号が示されています。

②　アクセント

「ゆっくり音声」のナレーターは基本的にアメリカ英語ですが、ここに示されているのは「ナチュラル音声」のアクセント、すなわちCNNキャスターのアクセントです。

③　ニュースのトランスクリプト

トランスクリプト (音声を文字化したもの) にサイトトランスレーション用のスラッシュを入れ、そこで改行してあります。また、付録CDの「ゆっくり音声 (ポーズ入り)」では、スラッシュのところでポーズ (無音の間) が挿入されています。

このトランスクリプトや音声を利用して、サイトトランスレーションや区切り聞き、シャドーイングなどの練習をしましょう。やり方については「3つの効果的な学習法」のページ (pp.4-7) を参照してください。

④　語注

ニュース中の単語やイディオムなどをピックアップし、意味を示しました。前の見開きで「重要ボキャブラリー」に取り上げた語も、ここに再度記載しています。全ニュースの語注が巻末の「ボキャブラリー・チェック」にまとめられているので、復習に利用してください。

⑤　ニュースの日本語訳

スラッシュで区切られた、③のトランスクリプトに対応した日本語訳です。この日本語訳の方を見ながら順番に元の英語に訳していく「反訳」(日→英サイトトランスレーション) を行うと、英語での発信能力が格段に向上します。

⑥　ワンポイント解説

分かりにくい箇所の文法的な解説やニュースの関連知識など、ニュースをより正確に理解するのに役立つ情報が記載されています。

後の見開き

区切り聞き／シャドーイング　　ゆっくり音声［ポーズ入り］　03　　　　　　[反訳]日→英サイトトランスレーション

ゆっくり音声の適切な箇所にポーズ（無音の間）が入れてあります。区切り聞きしてみましょう。
また、ポーズのところで、直前に聞き取った英語を自分で声に出すシャドーイングが練習できてみましょう。
自信がついたら、ポーズなしのゆっくり音声で、さらにはナチュラル音声でも練習してみてください。

ポーズのところで区切られた日本語です。区切り聞きした英語の意味を確認しましょう。
日本語を見て区切られた部分ごとに英語に言い換える「反訳」の練習［日→英サイトトランスレーション］を
すれば発信型の英語力がアップします。

A mystery that has captivated the world /
for the better part of a century: /
Scotland's Loch Ness Monster. //

There he is, or there she is. //
This famous photo from 1934 was a hoax, /
but many people believe /
there actually is a monster in the lake. //

Well, now, scientists say /
Nessie may be a giant eel. /
Researchers took 250 DNA samples from the lake /
to study its biodiversity. //
They confirmed /
there are no reptiles living there. //

ある謎が世界を魅了してきた /
1世紀近くにわたって /
スコットランドのネス湖の怪獣だ。//

（写真は）彼、あるいは彼女がいる。//
この有名な1934年の写真はでっち上げだった /
だが、多くの人は信じている /
その湖には本当に怪獣がいるのだと。//

さて、今、科学者たちは述べている /
ネッシーは巨大なウナギなのかもしれないと。//
研究者たちはその湖から250個のDNAサンプルを採取した /
湖の生物多様性を調べるためだ。//
彼らが確認したところでは /
そこに爬虫類は生息していない。//

語注

Loch Ness: 《タイトル》ネス湖 ▶loch はスコットランド、アイルランド地方で lake の こと。	**captivate:** 〜を魅了する、〜の心を奪う **the better part of 〜:** 〜の大半、大部分	**hoax:** でっち上げ、作り話 **giant:** 巨大な	**study:** 〜を調べる、観察する **biodiversity:** 生物多様性
eel: 《タイトル》ウナギ	**century:** 1世紀、100年間	**researcher:** 研究者、研究員 **take a...sample:**	**confirm (that):** 〜であると確認する、確認する **reptile:**
mystery: 謎、ミステリー	**monster:** 怪物、怪獣	〜のサンプルを採取する	爬虫（はちゅう）類

ワンポイント解説

①1行目の冒頭は (It is) a mystery と考えるとよい。

③4行目は、写真内のネッシーがオスかメスか分からないので、このような言い方をしている。研究チームはネッシーの代表的な写真（外科医の写真）と呼ばれるものを指す。p.13の画像が出典だ。

②首長竜は古代爬虫（はちゅう）類であるから、湖水から開女類の DNA が見つからなかったという、ネッシーの首長竜説を否定する形の結果が出ている。研究チームはネッシーを「巨大なウナギ」である可能性を示唆したが、今回の調査でネッシーが未知の生物である可能性まで完全に否定されたわけではないとの見方もあり、夢を諦めきれない人もいる。

次ページからニュースが始まります➡

アメリカ英語です。まずは、ナチュラル音声を聞いて内容を推測しましょう。
次に、ページをめくって、ゆっくり音声（ポーズ入り）に進みましょう。

The Loch Ness Eel?

A mystery that has captivated the world for the better part of a century: Scotland's Loch Ness Monster. There he is, or there she is. This famous photo from 1934 was a hoax, but many people believe there actually is a monster in the lake. Well, now, scientists say Nessie may be a giant eel. Researchers took 250 DNA samples from the lake to study its biodiversity. They confirmed there are no reptiles living there.

Aired on September 7, 2019

リスニングのポイント

解説：南條健助（桃山学院大学国際教養学部准教授）

[l]の音は、すぐ後ろに母音が続かない場合、日本語の「オ」や「ウ」のように聞こえる。

5行目のeel

[**イ**ーヨ]

6行目のsamples

[**サ**ーンポーズ]

7行目のreptiles

[**レ**プタイオズ]

[l] の音は、すぐ後ろに母音が続かない場合、すなわち、eel のように、[l] の音で語が終わっている場合か、samples や reptiles のように、

[l] の音のすぐ後ろに別の子音（これらの例では [z] の音）が続く場合、日本語の「オ」や「ウ」のように聞こえます（アメリカ英語では「オ」に近く、イギリス英語では「ウ」に近く聞こえる傾向があります）。eelのように、[**イ**ー] のように聞こえる長母音の後では、母音と [l] の音の間にヤ行の子音（発音記号は [j]）が割り込んだような響きになり、しばしば [**ヨ**] に近く聞こえます。また、coolやschoolのように、[**ウ**ー] のように聞こえる長母音の後では、しばしば [**ウォ**] に近く聞こえますので、coolが [**ク**ーウォ] のように、schoolが [**スク**ーウォ] のように聞こえます。このように、eel、cool、schoolは、本来は1音節の語ですが、実際には、しばしば2音節で発音されます。

怪獣ネッシーの正体が DNA 調査で明らかに!?

1世紀近くにわたって世界を魅了してきたミステリーといえば、スコットランドのネス湖の怪獣です。（写真には）彼、あるいは彼女が見えます。1934 年に発表されたこの有名な写真はでっち上げでしたが、今でも多くの人がネス湖には本当に怪獣がいると信じています。さて、このたび、科学者たちがネッシーは巨大なウナギかもしれないと発表しました。研究チームはネス湖の生物多様性について調べるため、湖から 250 個の DNA サンプルを採取しました。彼らが確認したところでは、ネス湖に爬 虫 類は生息していないということです。

（2019 年 12 月号掲載）（訳　石黒円理）

重要ボキャブラリー		ニュースのミニ知識
□ **captivate** [kǽptəvèit]	～を魅了する、～の心を奪う	スコットランドのネス湖にいるとうわさされる、謎の未確認生物「ネッシー（Nessie）」の正体について、新たな調査結果が発表された。その調査は、ネス湖の湖水に含まれる DNA を採取し、現存の生物データと照合するというものだ。その結果、ネス湖に生息する生物は約 3000 種にも及ぶことが分かったが、ネッシーの「首長竜」説を裏付けるような爬虫（はちゅう）類の DNA は見つからず、代わりに大量のウナギの DNA が発見された。
□ **hoax** [hóuks]	でっち上げ、作り話	
□ **biodiversity** [bàioudəvə́ːrsəti]	生物多様性	
□ **confirm（that）** [kənfə́ːrm]	～であると確認する、確証を得る	
□ **reptile** [réptail]	爬虫（はちゅう）類	

ゆっくり音声の適切な個所にポーズ（無言の間）が入れてあります。区切り聞きしてみましょう。
また、ポーズのところで、直前に聞き取った英語を自分で声に出すシャドーイング練習をしてみましょう。
自信がついたら、ポーズなしのゆっくり音声で、さらにはナチュラル音声でも練習してみてください。

A mystery that has captivated the world/
for the better part of a century:/
Scotland's Loch Ness Monster.//

There he is, or there she is.//
This famous photo from 1934 was a hoax,/
but many people believe/
there actually is a monster in the lake.//

Well, now, scientists say/
Nessie may be a giant eel.//
Researchers took 250 DNA samples from the lake/
to study its biodiversity.//
They confirmed/
there are no reptiles living there.//

語注

Loch Ness: 《タイトル》ネス湖 ▶lochはスコットランド・ゲール語でlakeのこと。 **eel:** 《タイトル》ウナギ **mystery:** 謎、ミステリー	**captivate:** 〜を魅了する、〜の心を奪う **the better part of:** 〜の大半、大部分 **century:** 1世紀、100年間 **monster:** 怪物、怪獣	**hoax:** でっち上げ、作り話 **giant:** 巨大な **researcher:** 調査員、研究者 **take a...sample:** …のサンプルを採取する	**study:** 〜を調べる、観察する **biodiversity:** 生物多様性 **confirm (that):** 〜であると確認する、確証を得る **reptile:** 爬虫 (はちゅう) 類

ポーズのところで区切った日本語訳です。区切り聞きした英語の意味を確認するほか、
日本語を見て区切られた部分ごとに英語に言い換える「反訳」の練習(日→英サイトトランスレーション)を
すれば発信型の英語力がアップします。

American

ある謎が世界を魅了してきた /
1世紀近くにわたって /
スコットランドのネス湖の怪獣だ。//

(写真には) 彼、あるいは彼女がいる。//
この有名な1934年の写真はでっち上げだった /
だが、多くの人は信じている /
その湖には本当に怪獣がいるのだと。//

さて、今、科学者たちは述べている /
ネッシーは巨大なウナギなのかもしれないと。//
研究者たちはその湖から250個のDNAサンプルを採取した /
湖の生物多様性を調べるためだ。//
彼らが確認したところでは /
そこに爬虫類は生息していない。//

ワンポイント解説

□ 1行目の冒頭は(It is)a mystery と考えると
よい。

□ 4行目は、写真内のネッシーがオスかメスか
分からないので、このような言い方をしている。

□ 5行目の This famous photo は、ネッシーの
代表的な写真(『外科医の写真』と呼ばれる)
を指す。p.13 の画像がそれだ。

□ 首長竜は古代爬虫(はちゅう)類であるから、
湖水から爬虫類の DNA が見つからなかったこ
とは、ネッシーの首長竜説を否定する形の結果
になっている。研究チームはネッシーが「巨大
化したウナギ」である可能性を示唆したが、今
回の調査でネッシーが未知の生物である可能性
まで完全に否定されたわけではないとの見方も
あり、夢を諦めきれない人も多い。

アメリカ英語です。まずは、ナチュラル音声を聞いて内容を推測しましょう。
次に、ページをめくって、ゆっくり音声（ポーズ入り）に進みましょう。

No More Climbing on Uluru

If you ban it, they will come. That is the case at Uluru, the sacred red rock in Australia's Northern Territory where tourists are making a final ascent before a permanent ban on climbing. The World Heritage site, formerly known as Ayers Rock, is closing to climbers for good this weekend. The indigenous population which owns Uluru has pushed for the climb to be closed for decades, because of damage to the rock. Hordes of people on Friday headed to the park, hoping to climb 348 meters up the landmark before the ban takes effect.

Aired on October 25, 2019

リスニングのポイント
解説：南條健助(桃山学院大学国際教養学部准教授)

弱く発音されたofの [v] の音は、すぐ後ろに子音で始まる語が続く場合、しばしば消える。

7行目のbecause of damage
[ビコーザ(ヴ)ダーメッチ]

7～8行目のHordes of people
[ホーヅァ(ヴ)ピーポー]

前置詞のofは、弱く発音されるのが普通です。弱く発音されたofの [v] の音は、すぐ後ろに子音で始まる語が続く場合、しばしば消えます。その結果、ofは [ア] くらいにしか聞こえず、不定冠詞のaと同じ発音になります。out of、kind of、sort ofといった句でも、しばしば [v] の音が消えて、それぞれ [**アウラ**]、[**カインダ**] (または [**カイナ**])、[**ソーラ**] のように聞こえます。くだけた文章などでは、これらの発音を表すために、outta、kinda、sortaのようにつづられることもあります。また、助動詞のhave も、普通は弱く発音され、[h] の音が消えて、ofと同じ発音になることがあります。そのため、英語の母語話者の中には、should have、would have、could have、must haveなどを should of、would of、could of、must ofのように書く人もいますが、文法的におかしく、非標準的です。haveの [v] の音も、しばしば消えますので、くだけた文章などでは、shoulda、woulda、coulda、mustaのようにつづられることもあります。

世界で２番目に大きい一枚岩「ウルル」は、
オーストラリア大陸のほぼ中央に位置しています。

豪の巨岩「ウルル」、
登山禁止目前に観光客殺到

それを禁止すれば彼らはやって来る。という話がまさに現実となっているのが、オーストラリアのノーザンテリトリーにある神聖な赤い岩、ウルルです。観光客たちが、登頂が恒久的に禁止される前に、最後の登頂をしようとしているのです。かつては「エアーズロック」の名で知られていたこの世界遺産は、今週末を最後に、登山者に対して無期限に閉鎖されます。ウルルを所有する先住民の人々は、岩の損傷を理由に、登山道を閉鎖するよう何十年にもわたって求めてきました。金曜日には、禁止令が施行される前に高さ348メートルの名所に登ろうと、大勢の人がその公園へ向かいました。

(2020年2月号掲載)(訳　石黒円理)

重要ボキャブラリー

- □ sacred　　神聖な、聖なる
  [séikrid]
- □ ascent　　登頂、登山
  [əsént]
- □ permanent　　恒久的な、永久的な
  [pə́ːrmənənt]
- □ indigenous　　先住民の
  [indídʒənəs]
- □ hordes of　　大勢の、大群の
  [hɔ́ːrdz]

ニュースのミニ知識

オーストラリアの有名な観光地「ウルル（旧称エアーズロック）」の登頂が2019年10月26日から恒久的に禁止されることになり、その前に登っておこうと多くの観光客が押し寄せた。今回の登頂禁止措置は、安全対策と、オーストラリアの先住民アボリジニに敬意を払うためのもの。ウルルはアボリジニの聖地とされているが、その観光収入がアボリジニの収入源ともなっていため、これまではやむをえず登頂が許可されてきた。

ゆっくり音声の適切な個所にポーズ（無言の間）が入れてあります。区切り聞きしてみましょう。
また、ポーズのところで、直前に聞き取った英語を自分で声に出すシャドーイング練習をしてみましょう。
自信がついたら、ポーズなしのゆっくり音声で、さらにはナチュラル音声でも練習してみてください。

If you ban it, they will come.//
That is the case at Uluru,/
the sacred red rock in Australia's Northern Territory/
where tourists are making a final ascent/
before a permanent ban on climbing.//

The World Heritage site, formerly known as Ayers Rock,/
is closing to climbers for good this weekend.//
The indigenous population which owns Uluru/
has pushed for the climb to be closed for decades,/
because of damage to the rock.//

Hordes of people on Friday headed to the park,/
hoping to climb 348 meters up the landmark/
before the ban takes effect.//

語注

climbing: 《タイトル》登ること、登山	sacred: 神聖な、聖なる	for good: これを最後に、永久に	climb: ①登山道　②登る
ban: ①〜を禁止する　②禁止	ascent: 登頂、登山	indigenous: 先住民の	hordes of: 大勢の、大群の
	permanent: 恒久的な、永久的な	population: （特定の地域の）人々、集団	head to: 〜へ向かう
be the case: 事実である、当てはまる	World Heritage site: 世界遺産	push for: 〜を強く求める	take effect: 〈法律などが〉施行され る、発効する

ポーズのところで区切った日本語訳です。区切り聞きした英語の意味を確認するほか、
日本語を見て区切られた部分ごとに英語に言い換える「反訳」の練習（日→英サイトトランスレーション）を
すれば発信型の英語力がアップします。

それを禁止すれば彼らはやって来る。//
という話が現実のものとなっているのがウルルだ /
すなわちオーストラリアのノーザンテリトリーにある神聖な赤い岩だが /
そこで観光客たちが最後の登頂をしようとしているのだ /
登頂が恒久的に禁止される前に。//

かつては「エアーズロック」の名で知られていたこの世界遺産は /
今週末を最後に、登山者に対して無期限に閉鎖される。//
ウルルを所有する先住民の人々は /
登山道を閉鎖するよう何十年にもわたって求めてきた /
岩の損傷を理由に。//

金曜日に大勢の人々がその公園へ向かった /
その名所を348メートルの高さまで登ることを望んでいたのだ /
禁止令が施行される前に。//

ワンポイント解説

□ 1行目は、映画『フィールド・オブ・ドリームス』の名文句 "If you build it, he will come."（それを造れば彼はやって来る）をもじったもの。

□ 2行目の That は、1行目の文全体を指している。

□ 6行目の Ayers Rock は、1873年にイギリス人入植者が名付けた旧称。

□ 11行目の the park は、ウルルのある「ウルル＝カタ・ジュタ国立公園」を指す。

□ オーストラリア中北部の準州ノーザンテリトリーにあるウルルに対する今回の措置は、アボリジニの文化を尊重することを改めて打ち出したものだ。しかし、ウルルはオーストラリア国民全体のものであるとして、反対する声もある。

American

アメリカ英語（厳密にはカナダ英語）です。まずは、ナチュラル音声を聞いて内容を推測しましょう。
次に、ページをめくって、ゆっくり音声（ポーズ入り）に進みましょう。

IVF Baby Born to Wrong Woman

For women struggling to become pregnant, the lawsuits against a Los Angeles fertility clinic are really the stuff of nightmares. A couple in California says a botched *in vitro* fertilization led to their son being born to a woman in New York. Anni Manukyan's son was 6 weeks old when she got to see him for the very first time.

Aired on July 11, 2019

TOEIC-style Questions

内容を正しく把握できたか、TOEIC® L&Rテスト Part 4 形式の問題で確かめましょう。［正解は次ページ］

1. Where was Anni Manukyan's son born?

(A) In Los Angeles

(B) In New York

(C) In California

(D) The information is not provided.

2. How was Anni Manukyan's case botched?

(A) The fertilization failed.

(B) The baby she gave birth to was given to another woman.

(C) Her embryo was given to another woman.

(D) The treatment she received left her sterile.

生まれた赤ちゃんたちには
何の罪もないのですが……。

悪夢の体外受精ミスで
赤の他人がわが子を出産

妊娠するのに苦労している女性たちにとって、ロサンゼルスのある不妊治療クリニックに対する一連の訴訟は、まさに悪夢のような話です。カリフォルニア州のある夫婦によれば、体外受精の手違いにより、彼らの息子がニューヨーク在住の女性から生まれるという事態が起きてしまったのです。アンニ・マヌキアンさんの息子は、彼女が初めて対面できたときには、生後6週間になっていました。

（2019年10月号掲載）（訳　編集部）

重要ボキャブラリー

- [ ] **become pregnant** 　妊娠する、身ごもる
  [prégnənt]
- [ ] **lawsuit** 　訴訟
  [lɔ́:sùːt]
- [ ] **fertility clinic** 　不妊治療院、不妊治療ク
  [fərtíləti]　　　リニック
- [ ] **nightmare** 　悪夢、悪夢的なこと
  [náitmὲər]
- [ ] *in vitro* **fertilization** 　体外受精（略称IVF）
  [fə̀ːrtəlizéiʃən|-laiz-]

TOEIC-style Questions の答え

1. （B）

2. （C）

設問の語注

give birth to	〜を出産する、産む
embryo	胎芽、胚（はい）
treatment	処置、治療
leave A B	AをBの状態にしておく
sterile	子ができない、不妊の

ゆっくり音声の適切な個所にポーズ（無言の間）が入れてあります。区切り聞きしてみましょう。
また、ポーズのところで、直前に聞き取った英語を自分で声に出すシャドーイング練習をしてみましょう。
自信がついたら、ポーズなしのゆっくり音声で、さらにはナチュラル音声でも練習してみてください。

For women struggling to become pregnant, /
the lawsuits against a Los Angeles fertility clinic/
are really the stuff of nightmares.//

A couple in California says/
a botched *in vitro* fertilization/
led to their son being born to a woman in New York.//

Anni Manukyan's son was 6 weeks old/
when she got to see him for the very first time.//

語注

(be) born to: 《タイトル》〜のもとに生まれる、〜から生まれる	**lawsuit:** 訴訟	**couple:** 恋人同士、夫婦	**lead to:** 〜につながる、〜を引き起こす
struggle to do: 〜するのに苦労する、必死で〜しようとする	**fertility clinic:** 不妊治療院、不妊治療クリニック	**botched:** 下手な、未熟な	**get to do:** 〜する機会を得る、〜できるようになる
become pregnant: 妊娠する、身ごもる	**stuff:** 物事、事柄	**in vitro fertilization:** 体外受精 ▶略称 IVF。	**for the very first time:** まったく初めて
	nightmare: 悪夢、悪夢的なこと		

ポーズのところで区切った日本語訳です。区切り聞きした英語の意味を確認するほか、
日本語を見て区切られた部分ごとに英語に言い換える「反訳」の練習（日→英サイトトランスレーション）を
すれば発信型の英語力がアップします。

妊娠するのに苦労している女性たちにとって /
ロサンゼルスのある不妊治療クリニックに対する一連の訴訟は /
まさに悪夢のような話だ。//

カリフォルニア州のある夫婦によれば /
体外受精の手違いが /
彼らの息子がニューヨーク在住の女性から生まれる事態を招いた。//

アンニ・マヌキアンさんの息子は生後6週間だった /
彼女が息子と初めて対面できたときには。//

ワンポイント解説

□ 2 行目の lawsuits が複数形なのは、マヌキアン夫妻のほか、同夫妻の胚(はい)を移植された女性などからも訴えが提起されているため。

□ 5 行目の botched は、もともとは「～をし損なう」という意味の他動詞 botch の過去分詞だが、形容詞化している。なお、その後の *in vitro* は、ラテン語で「ガラス器の中で」を表し、「試験管の中で＝体外で」の意に用いられる。

□ 2019 年 7 月 10 日にカリフォルニア州ロサンゼルスで提起された訴訟で、原告のマヌキアン夫妻は、「CHA 不妊治療センター」が同夫妻の受精卵から生じた胚を間違って別の女性の子宮に移植したと主張。ニューヨーク在住のその女性は双子の男子を出産したが、双子それぞれの遺伝子はマヌキアン夫妻と他の夫婦のものだったという。

アメリカ英語（厳密にはカナダ英語）です。まずは、ナチュラル音声を聞いて内容を推測しましょう。
次に、ページをめくって、ゆっくり音声（ポーズ入り）に進みましょう。

Alan Turing Honored on Banknote

A pioneer in both modern computing and the LGBT community is being honored in England. Alan Turing will be the face of Britain's new £50 note. Turing was the codebreaker and visionary mathematician who cracked Germany's coded messages during World War II. He also played a pivotal role in developing computers. He was also convicted under Victorian homophobic laws, which eventually led him to commit suicide. The governor of the Bank of England called Turing "a giant on whose shoulders so many now stand." The new notes will appear by the end of 2021.

Aired on July 16, 2019

TOEIC-style Questions
内容を正しく把握できたか、TOEIC® L&Rテスト Part 4 形式の問題で確かめましょう。［正解は次ページ］

1. What is Alan Turing known for?

(A) Developing computers

(B) Breaking difficult codes

(C) Being a victim of homophobic laws

(D) All of the above

2. How will Turing be honored?

(A) He will be given a large sum of money.

(B) He will be recognized as a leader of the LGBT community.

(C) His image will be put on British money.

(D) He will be made the governor of the Bank of England.

チューリング氏の肖像画と「エニグマ」の解読機が
新50ポンド札に印刷されます。

英国の新紙幣に
「AIの父」アラン・チューリング

近代コンピューター科学とLGBT（性的マイノリティー）コミュニティーの双方における先駆者が、イギリスで栄誉を受けようとしています。アラン・チューリングが、英国の新50ポンド札の顔になるのです。チューリングは第二次世界大戦中にドイツの暗号文を解読した暗号解読者で、先見の明のある数学者でした。彼はコンピューター開発においても極めて重要な役割を果たしました。その一方で、彼はビクトリア時代からの同性愛禁止法の下で有罪判決を受け、最終的に自殺するに至っています。イングランド銀行の総裁は、チューリングを評して、「現代人の多くがその功績の恩恵を受けている偉人」だと述べました。新紙幣は2021年末までに登場する予定です。

（2019年11月号掲載）（訳　石黒円理）

重要ボキャブラリー

- [ ] **codebreaker** [kóudbrèikər] 暗号解読者
- [ ] **visionary** [víʒənèri] 先見の明のある、洞察力のある
- [ ] **mathematician** [mæ̀θəmətíʃən] 数学者
- [ ] **pivotal** [pívətəl] 極めて重要な、中枢の
- [ ] **homophobic** [hòuməfóubik] 同性愛嫌悪の

TOEIC-style Questionsの答え

1. （D）

2. （C）

設問の語注

victim	被害者、犠牲者
a large sum of	巨額の
recognize A as B	AをBとして認める、認識する
image	画像、肖像
make A of B	BをAにする

ゆっくり音声の適切な個所にポーズ（無言の間）が入れてあります。区切り聞きしてみましょう。
また、ポーズのところで、直前に聞き取った英語を自分で声に出すシャドーイング練習をしてみましょう。
自信がついたら、ポーズなしのゆっくり音声で、さらにはナチュラル音声でも練習してみてください。

A pioneer in both modern computing and the LGBT community/
is being honored in England.//
Alan Turing will be the face of Britain's new £50 note.//

Turing was the codebreaker and visionary mathematician/
who cracked Germany's coded messages/
during World War II.//
He also played a pivotal role in developing computers.//
He was also convicted under Victorian homophobic laws,/
which eventually led him to commit suicide.//

The governor of the Bank of England called Turing/
"a giant on whose shoulders so many now stand."//
The new notes will appear by the end of 2021.//

語注

honor:《タイトル》〜に栄誉を授ける、〜を称賛する	LGBT: 性的マイノリティーの	mathematician: 数学者	convict: 〜に有罪判決を下す
banknote:《タイトル》紙幣	note: = banknote 紙幣	crack:（暗号などを）解読する、破る	homophobic: 同性愛嫌悪の
pioneer: 先駆者、パイオニア	codebreaker: 暗号解読者	coded message: 暗号文	lead...to do: …を〜するよう導く、…に〜させる
computing: コンピューター科学	visionary: 先見の明のある、洞察力のある	pivotal: 極めて重要な、中枢の	commit suicide: 自殺する

ポーズのところで区切った日本語訳です。区切り聞きした英語の意味を確認するほか、
日本語を見て区切られた部分ごとに英語に言い換える「反訳」の練習(日→英サイトトランスレーション)を
すれば発信型の英語力がアップします。

近代のコンピューター科学とLGBT(性的マイノリティー)コミュニティーの
双方における先駆者が /
イギリスで栄誉を受けようとしている。//
アラン・チューリングが、英国の新50ポンド札の顔になるのだ。//

チューリングは暗号解読者であり、先見の明のある数学者だった /
彼はドイツの暗号文を解読した /
第二次世界大戦中に。//
彼はコンピューター開発においても極めて重要な役割を果たした。//
彼はまた、ビクトリア時代からの同性愛禁止法の下で有罪判決を受けた /
それは最終的に彼が自殺することにつながった。//

イングランド銀行総裁はチューリングをこう呼んだ /
「今では大変多くの人がその功績の恩恵を受けている偉人」だと。//
新紙幣は2021年末までに登場する予定だ。//

American

ワンポイント解説

□ 1 行 目 の LGBT は lesbian, gay, bisexual, transgender の頭文字に由来する。

□ 12 行目の文の元となっている stand on the shoulders of giants という表現は、「巨人の肩の上に立つ」が字義だが、「偉大な先人たちの功績の上に存在し、その恩恵を受ける」ということの比喩。

□映画『イミテーション・ゲーム/エニグマと天才数学者の秘密』でも描かれたように、チューリングは、ドイツ軍の暗号「エニグマ」を解読したほか、機械に命令をするアルゴリズムの確立など、コンピューターの概念を初めて理論化した功績から、コンピューターや人工知能(AI)の父とも呼ばれている。しかし、英国では 1967 年まで男性の同性愛行為が違法とされていたために逮捕され、後に自殺に至っている。

NEWS **05** | ナチュラル音声［1回目］ **14** | ゆっくり音声［ポーズなし］ **16** | ナチュラル音声［2回目］ **67**

アメリカ英語です。まずは、ナチュラル音声を聞いて内容を推測しましょう。
次に、ページをめくって、ゆっくり音声（ポーズ入り）に進みましょう。

Drug-Resistant Malaria Spreading

Drug-resistant strains of malaria are spreading across Southeast Asia, raising fears of a potential global health emergency. Two new studies have found the failure rate for the top two drugs used to treat Asian malaria skyrocketing across Thailand, Cambodia, Laos and Vietnam. Researchers are urging countries to adopt alternative treatments. Nearly half a million people around the world die of malaria each year. It is transmitted by mosquitoes.

Aired on July 24, 2019

TOEIC-style Questions

内容を正しく把握できたか、TOEIC® L&Rテスト Part 4 形式の問題で確かめましょう。［正解は次ページ］

1. According to the two new studies, where have the top antimalarial drugs been failing at a very high rate?

   (A) Taiwan

   (B) Myanmar

   (C) Laos

   (D) All of the above

2. According to this news report, what countermeasure were the researchers recommending?

   (A) Eradicating mosquitoes

   (B) Immunization

   (C) Using different treatments

   (D) All of the above

世界の脅威となる感染症は
新型コロナウイルスだけではありません。

薬剤耐性マラリアが
東南アジア全域に

American

薬剤耐性のあるマラリアの病原菌が東南アジア全域に広がり、世界的な保健緊急事態に陥るのではないかという懸念が高まっています。2つの新たな研究結果によると、アジアのマラリアの治療に最もよく使われている2つの薬剤の失敗率が、タイ、カンボジア、ラオス、ベトナムの全域で急上昇しています。研究者らは、別の治療法を採用するように各国に促しています。毎年、世界中で50万人近くの人がマラリアで亡くなっています。それは蚊によって媒介されます。

（2019年11月号掲載）（訳　編集部）

重要ボキャブラリー

☐ **drug-resistant** [rizístənt]	《タイトル》薬物耐性を持った、薬剤耐性の	
☐ **strain** [stréin]	菌株	
☐ **skyrocket** [skáirɑ̀kit｜-rɔ̀kit]	急上昇する	
☐ **alternative** [ɔːltə́ːrnətiv]	代わりの、別の	
☐ **transmit** [trænsmít｜-zmít]	（病気などを）伝染させる	

TOEIC-style Questions の答え

1. (C)

2. (C)

設問の語注

antimalarial	抗マラリアの
countermeasure	防止策、対策
eradicate	〜を絶滅させる
immunization	予防接種

ゆっくり音声の適切な個所にポーズ（無言の間）が入れてあります。区切り聞きしてみましょう。
また、ポーズのところで、直前に聞き取った英語を自分で声に出すシャドーイング練習をしてみましょう。
自信がついたら、ポーズなしのゆっくり音声で、さらにはナチュラル音声でも練習してみてください。

Drug-resistant strains of malaria are spreading across Southeast Asia,/
raising fears of a potential global health emergency.//

Two new studies have found/
the failure rate for the top two drugs used to treat Asian malaria/
skyrocketing across Thailand, Cambodia, Laos and Vietnam.//
Researchers are urging countries/
to adopt alternative treatments.//

Nearly half a million people around the world die of malaria/
each year.//
It is transmitted by mosquitoes.//

語注

drug-resistant: 《タイトル》薬物耐性を持った、薬剤耐性の	**raise a fear:** 懸念を引き起こす	**skyrocket:** 急上昇する	**treatment:** 治療
spread: 《タイトル》広まる、まん延する	**emergency:** 緊急事態	**urge...to do:** …に〜するよう促す	**die of:** 〜が原因で死ぬ
strain: 菌株	**failure rate:** 失敗率	**adopt:** 〜を採用する、導入する	**transmit:** （病気などを）伝染させる
	treat: 〜を治療する	**alternative:** 代わりの、別の	**mosquito:** 蚊

ポーズのところで区切った日本語訳です。区切り聞きした英語の意味を確認するほか、
日本語を見て区切られた部分ごとに英語に言い換える「反訳」の練習（日→英サイトトランスレーション）を
すれば発信型の英語力がアップします。

薬剤耐性のあるマラリアの病原菌が東南アジア全域に広がっている /
そして世界的な保健緊急事態の可能性という懸念を引き起こしている。//

2つの新たな研究が結論づけたところによると /
アジアのマラリアの治療に最もよく使われている2つの薬剤の失敗率が /
タイ、カンボジア、ラオス、ベトナムの全域で急上昇している。//
研究者らは各国に促している /
別の治療法を採用するように。//

世界中で50万人近くの人がマラリアで亡くなっている /
毎年。//
それは蚊によって媒介される。//

ワンポイント解説

□ 2行目の raising 以下は分詞構文だが、その意味上の主語は主節である1行目の文全体と考えられる。

□ 3〜5行目は、...have found (that) the failure rate for the top two drugs (which are) used to treat Asian malaria (is) skyrocketing... と語句を補って考えるとよい。

□ マラリアはエイズ、結核とともに三大感染症と呼ばれ、世界で年間2億人以上が感染、約45万人が死亡している。東南アジアでは近年、治療薬として普及している「DHA-PPQ」の効かない割合が急増。特にタイ北東部の症例数の87%、カンボジア西部の62%が同薬剤に対する耐性を持っているとの報告がある。なお、新型コロナウイルス感染症に抗マラリア薬が効果を発揮するのではないかとの見方も一部にある。

アメリカ英語です。まずは、ナチュラル音声を聞いて内容を推測しましょう。
次に、ページをめくって、ゆっくり音声（ポーズ入り）に進みましょう。

NASA's First All-Female Spacewalk

NASA is conducting, right now, its first all-female spacewalk. They are repairing some broken equipment outside the International Space Station. The first all-female spacewalk was supposed to have taken place back in March, but it was canceled, because there weren't enough size-medium spacesuits ready for the walk. And by the way, NASA is working on a new, more flexible spacesuit that will fit both men and women.

Aired on October 18, 2019

TOEIC-style Questions
内容を正しく把握できたか、TOEIC® L&Rテスト Part 4 形式の問題で確かめましょう。［正解は次ページ］

1. What was the purpose of this spacewalk?

   (A) To set a record

   (B) To repair damaged equipment

   (C) To test a new type of spacesuit

   (D) To prove women's abilities in space

2. Why was an all-female spacewalk previously canceled?

   (A) Because there were not enough spacesuits of the right size

   (B) Because the spacesuits needed to be repaired

   (C) Because there were not enough female astronauts

   (D) Because there was no work to be done outside the space station

2人の女性宇宙飛行士が
国際宇宙ステーションの船外で活動を行いました。

史上初、女性だけの宇宙遊泳に成功！

NASA（米航空宇宙局）は、まさに今、同局初となる女性だけの宇宙遊泳を実施しています。彼女たちは、国際宇宙ステーションの外側で、ある故障した機器を修理しているのです。初の女性だけの宇宙遊泳は、去る3月に行われているはずだったのですが、その宇宙遊泳のために用意されたMサイズの宇宙服が足りなかったため、中止されました。ところでNASAは、新しい、より柔軟性があって男女両方にフィットするような宇宙服を開発中です。

（2020年2月号掲載）（訳 編集部）

American

重要ボキャブラリー

☐ **spacewalk**
[spéiswɔ̀ːk]
《タイトル》宇宙遊泳

☐ **conduct**
[kəndʌ́kt]
〜を実施する、行う

☐ **equipment**
[ikwípmənt]
機器、装置

☐ **spacesuit**
[spéissùːt]
宇宙服

☐ **flexible**
[fléksəbl]
柔軟性のある、順応性のある

TOEIC-style Questions の答え

1.（B）

2.（A）

設問の語注

set a record	記録を樹立する
prove	〜を証明する
ability	能力、力量
previously	以前に、前に
astronaut	宇宙飛行士

ゆっくり音声の適切な個所にポーズ（無言の間）が入れてあります。区切り聞きしてみましょう。
また、ポーズのところで、直前に聞き取った英語を自分で声に出すシャドーイング練習をしてみましょう。
自信がついたら、ポーズなしのゆっくり音声で、さらにはナチュラル音声でも練習してみてください。

NASA is conducting,/
right now,/
its first all-female spacewalk.//

They are repairing some broken equipment/
outside the International Space Station.//

The first all-female spacewalk/
was supposed to have taken place back in March,/
but it was canceled,/
because there weren't enough size-medium spacesuits/
ready for the walk.//

And by the way,/
NASA is working on a new, more flexible spacesuit/
that will fit both men and women.//

語注

NASA: 《タイトル》＝ National Aeronautics and Space Administration　米航空宇宙局	**repair:** 〜を直す、修理する	**be supposed to do:** 〜にするはずである	**work on:** 〜の実現に取り組む、開発に取りかかる
spacewalk: 《タイトル》宇宙遊泳	**equipment:** 機器、装置	**take place:** 行われる、挙行される	**flexible:** 柔軟性のある、順応性のある
conduct: 〜を実施する、行う	**the International Space Station:** 国際宇宙ステーション　▶略称ISS。	**size-medium:** Mサイズの、中の　▶ medium-size が一般的。	**fit:** 〈サイズが〉〜に合う
		spacesuit: 宇宙服	

ポーズのところで区切った日本語訳です。区切り聞きした英語の意味を確認するほか、
日本語を見て区切られた部分ごとに英語に言い換える「反訳」の練習(日→英サイトトランスレーション)を
すれば発信型の英語力がアップします。

American

NASA(米航空宇宙局)は実施している /
まさに今 /
同局初となる女性だけの宇宙遊泳を。//

彼女たちは、ある故障した機器を修理している /
国際宇宙ステーションの外側で。//

初の女性だけの宇宙遊泳は /
去る3月に行われているはずだった /
だが、それは中止された /
Mサイズの宇宙服が足りなかったからだ /
その宇宙遊泳のために用意されたのだが。//

ところで /
NASAは新しい、より柔軟性のある宇宙服の開発に取りかかっている /
それは男女両方にフィットするだろう。//

ワンポイント解説

□ 1行目の conducting の目的語は3行目の its
以下で、間に right now が挿入されている。

□ 7行目の was supposed to は、「はずだった」
と過去形にすることで、「だがそうはならなか
った」ということを含意している。また、to に
続く部分が have taken place と完了形を取って
「さらに前」を表していることに注意。

□ 史上初となる女性だけのミッションを実行し
たのは、クリスティーナ・コック宇宙飛行士と
ジェシカ・メイヤー宇宙飛行士の2人。国際宇
宙ステーションの電源装置を交換するという船
外活動を行った。現在、NASAで活動中の宇宙
飛行士のうち34%が女性だというが、女性が
中心となって行われるミッションは今後も増え
ていくと予想される。

アメリカ英語です。まずは、ナチュラル音声を聞いて内容を推測しましょう。
次に、ページをめくって、ゆっくり音声（ポーズ入り）に進みましょう。

New Warning on Rising Sea Levels

New research warns that 150 million people living in coastal areas around the world could be submerged by rising seawaters in the next 30 years. That is a major increase from previous estimates. The findings come from Climate Central. Their report, based on new data, finds more than 70 percent of people living in vulnerable areas are in eight Asian countries, that is, China, Bangladesh, India, Vietnam, Indonesia, Thailand, the Philippines and Japan.

Aired on October 31, 2019

TOEIC-style Questions

内容を正しく把握できたか、TOEIC® L&RテストPart 4形式の問題で確かめましょう。［正解は次ページ］

1. According to this research, how many people live in places that might be under seawater 30 years from now?

    (A) 30 million

    (B) 50 million

    (C) 70 million

    (D) 150 million

2. What is true about the number of affected people in this new prediction?

    (A) It refers only to people in Asia.

    (B) It is much higher than in previous predictions.

    (C) It is limited to people in eight countries.

    (D) All of the above

異常気象による水害が増えていますが、
今後さらなる被害が生じると予測されます。

海面上昇で
1.5億人が家を失う!?

新たな調査結果が警告しているのは、世界各地の沿岸部に暮らす1億5000万の人々が、今後30年で、海面上昇により浸水被害を受ける可能性があるということです。それはこれまでの予測をはるかに上回る推定値です。この調査結果は、クライメートセントラルによるものです。最新データに基づく彼らのリポートが結論づけているのは、被害を受けやすい地域に住む人々の70％以上がアジア8カ国に居住しているということなのですが、それはすなわち中国、バングラデシュ、インド、ベトナム、インドネシア、タイ、フィリピン、そして日本です。

（2020年2月号掲載）（訳　編集部）

重要ボキャブラリー

☐ **coastal area** [kóustəl]	沿岸部	
☐ **be submerged** [səbmə́:rdʒd]	水浸しになる、水没する	
☐ **seawater** [síːwɔ̀ːtər]	海水	
☐ **estimate** [éstəmət]	見積もり、概算	
☐ **vulnerable** [vʌ́lnərəbl]	被害を受けやすい、弱い	

TOEIC-style Questions の答え

1.（D）

2.（B）

設問の語注

according to	～によると
affected	影響を受けた、被害に遭った
prediction	予測
refer to	～に言及する
be limited to	～に限定される

ゆっくり音声の適切な個所にポーズ（無言の間）が入れてあります。区切り聞きしてみましょう。
また、ポーズのところで、直前に聞き取った英語を自分で声に出すシャドーイング練習をしてみましょう。
自信がついたら、ポーズなしのゆっくり音声で、さらにはナチュラル音声でも練習してみてください。

New research warns/
that 150 million people living in coastal areas around the world/
could be submerged by rising seawaters/
in the next 30 years.//

That is a major increase from previous estimates.//
The findings come from Climate Central.//

Their report, based on new data, finds/
more than 70 percent of people living in vulnerable areas/
are in eight Asian countries,/
that is,/
China, Bangladesh, India, Vietnam, Indonesia, Thailand, the Philippines and Japan.//

語注

warning on: 《タイトル》〜に関する警告	**warn that:** 〜であると警告する	**increase:** 増加、増大	**(be) based on:** 〜に基づく
rising: 《タイトル》上昇する、上昇中の	**coastal area:** 沿岸部	**previous:** 以前の、前の	**find (that):** 〜であると結論づける
sea level: 《タイトル》海面、海水位	**be submerged:** 水浸しになる、水没する	**estimate:** 見積もり、概算	**vulnerable:** 被害を受けやすい、弱い
	seawater: 海水	**findings:** 調査結果、研究の成果	**that is:** すなわち、つまり

ポーズのところで区切った日本語訳です。区切り聞きした英語の意味を確認するほか、
日本語を見て区切られた部分ごとに英語に言い換える「反訳」の練習（日→英サイトトランスレーション）を
すれば発信型の英語力がアップします。

新たな調査結果が警告するところによると /
世界各地の沿岸部に暮らす1億5000万の人々が /
海面上昇により浸水被害を受ける可能性がある /
今後30年で。//

それはこれまでの予測をはるかに上回る推定値だ。//
この調査結果はクライメートセントラルによるものだ。//

彼らのリポートは最新データに基づいているが、その結論によると /
被害を受けやすい地域に住む人々の70％以上が /
アジア8カ国に居住している /
すなわち /
中国、バングラデシュ、インド、ベトナム、インドネシア、タイ、フィリピン、
そして日本だ。//

American

ワンポイント解説

□ 3行目の could は、「〜ということがありえる、
〜かもしれない」という現在や未来の可能性を
表す助動詞として使われている。

□ 7行目は、Their report (which/that is) based
on... と語句を補って考えるとよい。

□ 米国の NPO クライメートセントラルの予測
によれば、2050年までに、1億5000万人が
住む地域が満潮時に海面下に沈み、3億人が毎
年洪水の被害に遭う可能性があるという。しか
も、これは「パリ協定」で定められた温室効果
ガス削減目標が達成されていることを前提とす
る「楽観的な」予測だとか。被害が予想される
アジア諸国などに対し、同機関は被害を防ぐた
めの緊急対策を講じる必要性を訴えている。

NEWS 08 | ナチュラル音声［1回目］ Track 23 | ゆっくり音声［ポーズなし］ Track 25 | ナチュラル音声［2回目］ Track 70

アメリカ英語（厳密にはカナダ英語）です。まずは、ナチュラル音声を聞いて内容を推測しましょう。
次に、ページをめくって、ゆっくり音声（ポーズ入り）に進みましょう。

Banana Art Fetches High Price

People are going bananas for a piece of art in Miami. This is entitled *Comedian*, and it's a banana, bought in a Miami grocery store, duct-taped to a wall. If that appeals to you, you can buy it for $120,000—no joke. There are three editions of the piece by artist Maurizio Cattelan. According to art-market Web site Artnet, two have already sold. There's no clear instruction on what to do if the banana starts to rot.

Aired on December 6, 2019

TOEIC-style Questions
内容を正しく把握できたか、TOEIC® L&Rテスト Part 4 形式の問題で確かめましょう。［正解は次ページ］

1. What is the title of the work of art?

(A) Banana
(B) Miami
(C) Comedian
(D) No Joke

2. What was the price of the work of art?

(A) $120
(B) $1,200
(C) $20,000
(D) $120,000

壁に貼られたバナナも
立派なアート作品になりえるようです。

そんなバナナ！
驚きの「超高額」現代アート

人々が、マイアミで、あるアート作品に、そんなバナナ！という熱狂ぶりを見せています。この作品は「コメディアン」と題されていますが、それは1本のバナナで、マイアミの食料雑貨店で購入され、壁に粘着テープで貼りつけられたものです。もし関心が剥いたなら、12万ドルで買えます——ジョークではありません。この作品には、アーティストのマウリツィオ・カテランによる3つのバージョンがあります。アート売買のウェブサイト「アートネット」によれば、すでに2つは売れています。そのバナナが腐りだした場合はどうしたらよいのか、明確な説明はありません。

（2020年3月号掲載）（訳　編集部）

重要ボキャブラリー		TOEIC-style Questions の答え	
□ **fetch** [fétʃ]	《タイトル》（ある値段で）売れる	**1.**（C）	
□ **go bananas** [bənǽnəz]	熱狂する	**2.**（D）	
□ **be entitled** [entáitld|in-]	～と題されている	設問の語注	
□ **duct-tape A to B** [dʌ́ktteip]	粘着テープでAをBに貼る、くっつける	**title**	題、名称
□ **rot** [rát|rɔ́t]	腐る、腐敗する	**work of art**	美術品、芸術品

ゆっくり音声の適切な個所にポーズ（無言の間）が入れてあります。区切り聞きしてみましょう。
また、ポーズのところで、直前に聞き取った英語を自分で声に出すシャドーイング練習をしてみましょう。
自信がついたら、ポーズなしのゆっくり音声で、さらにはナチュラル音声でも練習してみてください。

People are going bananas for a piece of art/
in Miami.//
This is entitled *Comedian*,/
and it's a banana,/
bought in a Miami grocery store,/
duct-taped to a wall.//

If that appeals to you,/
you can buy it for $120,000—/
no joke.//
There are three editions of the piece/
by artist Maurizio Cattelan.//

According to art-market Web site Artnet,/
two have already sold.//
There's no clear instruction/
on what to do if the banana starts to rot.//

語注

fetch: 《タイトル》（ある値段で）売れる	**comedian:** お笑い芸人、コメディアン	**appeal to:** ～の心を捉える、興味を引く	**according to:** ～によると
go bananas: 熱狂する	**grocery store:** 食料雑貨店	**no joke:** 《話》冗談じゃないよ、本当だよ	**sell:** 売れる
piece: （芸術などの）作品	**duct-tape A to B:** 粘着テープでAをBに貼る、くっつける	**edition:** 版、バージョン	**instruction:** 指示、説明
be entitled: ～と題されている			**rot:** 腐る、腐敗する

ポーズのところで区切った日本語訳です。区切り聞きした英語の意味を確認するほか、
日本語を見て区切られた部分ごとに英語に言い換える「反訳」の練習(日→英サイトトランスレーション)を
すれば発信型の英語力がアップします。

人々があるアート作品に、そんなバナナ！という熱狂ぶりを見せている /
マイアミで。//
この作品は「コメディアン」と題されている /
そして、それは1本のバナナなのだ /
マイアミの食料雑貨店で購入されたもので /
壁に粘着テープで貼りつけられている。//

もしそれに関心が剥いたなら /
12万ドルで買える―― /
ジョークではない。//
この作品には3つのバージョンがある /
アーティストのマウリツィオ・カテランによるものだ。//

アート売買のウェブサイト「アートネット」によれば /
すでに2つは売れている。//
明確な説明はない /
そのバナナが腐りだしたらどうすべきかについては。//

ワンポイント解説

□ 1行目の文に含まれる go bananas というイディオムは、「熱狂する」とか「気が狂う」という意味で使われる俗語表現。ここでは、もちろん、作品の「バナナ」に掛けたしゃれになっている。なお、bananas は名詞ではなく形容詞であることに注意。

□ 7行目の appeals は、バナナの皮を想起させる a peel に掛けた表現。

□ この作品「コメディアン」は、米国人パフォーマーのデービッド・ダトゥナ氏によって、展示中に突然壁からもぎ取られて食べられてしまったことで、さらなる騒ぎを呼んだ。ダトゥナ氏によれば、そのパフォーマンスもまた「芸術行為」にほかならないということである。

アメリカ英語 (厳密にはカナダ英語) です。まずは、ナチュラル音声を聞いて内容を推測しましょう。
次に、ページをめくって、ゆっくり音声 (ポーズ入り) に進みましょう。

Sound Used to Revive Coral Reefs

Scientists say they may have found a way to help bring new life to dead coral reefs. They put underwater loudspeakers—if you can believe it—on dead patches of coral in the Great Barrier Reef. And they say twice as many fish came and stayed in the places where the sound was playing. Now, scientists say healthy coral reefs are noisy and young fish respond to the sounds when they're looking for somewhere to settle. They say the returning fish can help degraded ecosystems recover.

Aired on December 7, 2019

TOEIC-style Questions
内容を正しく把握できたか、TOEIC® L&Rテスト Part 4 形式の問題で確かめましょう。[正解は次ページ]

1. What did the scientists use in trying to revive coral reefs?

    (A) Dead patches of coral

    (B) Noisy young fish

    (C) Pieces of healthy coral reef

    (D) Underwater loudspeakers

2. What was the effect of the scientists' new method?

    (A) The coral reefs became degraded.

    (B) More fish came.

    (C) Predators were scared away.

    (D) The Great Barrier Reef was saved.

サンゴが死滅した区域に
水中用スピーカーが設置されています。

サンゴ礁をよみがえらせる
秘策を発見

科学者たちによれば、彼らは死んだサンゴ礁をよみがえらせるのに役立つ方法を発見したのかもしれません。彼らは水中用スピーカーを設置しました——驚くなかれ——グレートバリアリーフのサンゴが死滅した区域に、です。そして彼らが言うには、2倍の数の魚が集まり、音が鳴っていたその場所にとどまったそうです。さて、科学者たちいわく、健全なサンゴ礁はにぎやかなものであり、若い魚たちはすみかとなる場所を探しているときはその音に反応します。科学者たちによれば、戻ってきた魚たちは劣化した生態系の回復に役立つ可能性があるそうです。

（2020年3月号掲載）（訳　編集部）

重要ボキャブラリー

☐ **revive** [riváiv]	《タイトル》〜を生き返らせる、復活させる	
☐ **coral reef** [kɔ́(ː)rəl]	《タイトル》サンゴ礁	
☐ **patch** [pǽtʃ]	一区画	
☐ **degraded** [digréidid]	劣化した、悪化した	
☐ **ecosystem** [ékousìstim]	生態系	

TOEIC-style Questions の答え

1.（D）

2.（B）

設問の語注

effect	効果、効力
predator	捕食動物
scare away	脅かして〜を立ち退かせる、追い払う

ゆっくり音声の適切な個所にポーズ（無言の間）が入れてあります。区切り聞きしてみましょう。
また、ポーズのところで、直前に聞き取った英語を自分で声に出すシャドーイング練習をしてみましょう。
自信がついたら、ポーズなしのゆっくり音声で、さらにはナチュラル音声でも練習してみてください。

Scientists say/
they may have found/
a way to help bring new life to dead coral reefs.//

They put underwater loudspeakers—/
if you can believe it—/
on dead patches of coral in the Great Barrier Reef.//
And they say/
twice as many fish came and stayed/
in the places where the sound was playing.//

Now, scientists say/
healthy coral reefs are noisy/
and young fish respond to the sounds/
when they're looking for somewhere to settle.//
They say/
the returning fish can help degraded ecosystems recover.//

語注

revive:《タイトル》〜を生き返らせる、復活させる	**loudspeaker:** 拡声器、スピーカー	**the Great Barrier Reef:** グレートバリアリーフ	**settle:** すみかを定める、定住する
coral reef:《タイトル》サンゴ礁	**if you can believe it:**《話》信じられないことに、まさかと思うだろうが	▶オーストラリア北東部のクイーンズランド州沖に広がる世界最大のサンゴ礁地帯。	**degraded:** 劣化した、悪化した
find (that): 〜であると結論づける	**patch:** 一区画	**respond to:** 〜に反応する	**ecosystem:** 生態系
underwater: 水中の、水面下の			**recover:** 回復する、元に戻る

ポーズのところで区切った日本語訳です。区切り聞きした英語の意味を確認するほか、
日本語を見て区切られた部分ごとに英語に言い換える「反訳」の練習(日→英サイトトランスレーション)を
すれば発信型の英語力がアップします。

科学者たちによれば /

彼らは発見したのかもしれない /

死んだサンゴ礁に新たな命をもたらすのに役立つ方法を。//

彼らは水中用スピーカーを設置した―― /

驚くなかれ―― /

グレートバリアリーフのサンゴが死滅した区域に。//

そして彼らが言うには /

2倍の数の魚が集まり、そこにとどまった /

音が鳴っていたその場所に。//

さて、科学者たちいわく /

健全なサンゴ礁はにぎやかなものだ /

そして若い魚たちはその音に反応する /

すみかとなる場所を探しているときは。//

彼らいわく /

戻ってきた魚たちは劣化した生態系の回復に役立つ可能性がある。//

ワンポイント解説

□ 5 行目の if you can believe it は、一種の間投句で、believe it or not と同様の意味。

□ 8 行目の twice as many fish は、比較対象が省略された倍数表現。省略せずに言えば、twice as many fish came and stayed in the places where the sound was playing (as those that came and stayed where/when the sound was not playing) ということ。

□オーストラリアのグレートバリアリーフではサンゴの白化現象が進み、その対策が求められているが、英国とオーストラリアの研究チームがユニークな方法を発表した。サンゴが死滅した区域に水中用スピーカーを設置してサンゴ礁の音を再現したところ、多くの魚が集まったというのだ。それによって生態系が回復することが期待されている。

NEWS **10** | ナチュラル音声 [1回目] *Track* **29** | ゆっくり音声 [ポーズなし] *Track* **31** | ナチュラル音声 [2回目] *Track* **72**

アメリカ英語です。まずは、ナチュラル音声を聞いて内容を推測しましょう。
次に、ページをめくって、ゆっくり音声 (ポーズ入り) に進みましょう。

"Cancel Culture" Ruins Billie Eilish's Life

Billie Eilish says that she stopped reading Instagram comments, because of all the haters. "'Cause it was ruining my life. It's crazy. Cancel culture is insane." When asked about a possible fix, she didn't really have a solution. But the 18-year-old also says this: Trolls make it harder for her to talk to fans online. She does still try to engage with her fans when she can.

Aired on February 20, 2020

TOEIC-style Questions
内容を正しく把握できたか、TOEIC® L&RテストPart 4形式の問題で確かめましょう。[正解は次ページ]

1. Why did Eilish stop reading Instagram comments?

   (A) Because of her crazy life

   (B) Because of the 18-year-olds

   (C) Because of the trolls

   (D) Because of her fans

2. What did Eilish suggest as a solution?

   (A) Cancel culture

   (B) A possible fix

   (C) Engaging with fans

   (D) She didn't suggest a solution.

グラミー賞では史上最年少で5冠を達成し、
輝いているだけに攻撃の的になりやすいようです。

ビリー・アイリッシュ、
SNS文化を批判

The 18-year-old took home Best New Arti
Song of the Year, Record of the Year and
Album of the Year

ビリー・アイリッシュが、大勢のアンチのせいでインスタグラムのコメント
を読むのをやめた、と言っています。「だって、それでわたしの人生は台なし
にされそうだったんだから。おかしいわよ。キャンセルカルチャーってまと
もじゃないわ」。改善策になりそうなことについて尋ねられると、彼女はこ
れといった解決策を持っていなかったのですが、この18歳は次のようにも
言っています。荒らしのせいで、自分とファンがネット上で話すのは難しく
なっている。しかしそれでも、自分は、可能なときには自分のファンと交流
しようと努力するのだ、と。

（未掲載）（訳　編集部）

重要ボキャブラリー		TOEIC-style Questionsの答え
□ ruin [rú(:)in]	《タイトル》〜を台なし にする、破壊する	**1.**（C）
□ hater [héitər]	憎む人、難癖をつけてば かりいる人	**2.**（D）
□ insane [inséin]	正気でない、ばかげた	設問の語注
□ troll [tróul]	（ネット上の）荒らし、 荒らす人	suggest A as B　　BとしてAを提案 する
□ **engage with** [ingéidʒ]	〜と関わる、関わり合う	

ゆっくり音声の適切な個所にポーズ(無言の間)が入れてあります。区切り聞きしてみましょう。
また、ポーズのところで、直前に聞き取った英語を自分で声に出すシャドーイング練習をしてみましょう。
自信がついたら、ポーズなしのゆっくり音声で、さらにはナチュラル音声でも練習してみてください。

Billie Eilish says/
that she stopped reading Instagram comments, /
because of all the haters. //

"'Cause it was ruining my life. //
It's crazy. //
Cancel culture is insane." //

When asked about a possible fix, /
she didn't really have a solution. //
But the 18-year-old also says this: /
Trolls make it harder for her to talk to fans online. //
She does still try to engage with her fans/
when she can. //

語注

cancel:《タイトル》削除、取り消し	**hater:** 憎む人、難癖をつけてばかりいる人	**possible:** 可能性のある、ありえる	**troll:**（ネット上の）荒らし、荒らす人
ruin:《タイトル》〜を台なしにする、破壊する	**'cause:** ＝because 〜だから	**fix:** 調整方法、解決策	**still:** それでもなお、それにもかかわらず
stop doing: 〜するのをやめる、〜しなくなる	**crazy:** 頭のおかしい、狂った	**not really:** あまり〜ない	**engage with:** 〜と関わる、関わり合う
	insane: 正気でない、ばかげた	**solution:** 解答、解決法	

ポーズのところで区切った日本語訳です。区切り聞きした英語の意味を確認するほか、
日本語を見て区切られた部分ごとに英語に言い換える「反訳」の練習（日→英サイトトランスレーション）を
すれば発信型の英語力がアップします。

American

ビリー・アイリッシュが言うには /
彼女はインスタグラムのコメントを読むのをやめたそうだが /
原因は大勢のアンチだ。//

「だって、それでわたしの人生は台なしにされそうだったんだから。//
おかしいわ。//
キャンセルカルチャーってまともじゃないわ」//

改善策になりそうなことについて尋ねられたとき /
彼女はあまり解決策を持っていなかった。//
だが、この18歳はこうも言っている /
荒らしのせいで、彼女がネット上でファンと話すのは難しくなっている。//
しかしそれでも、彼女は自分のファンと交流しようと努力しているのだ /
彼女が可能なときには。//

ワンポイント解説

□ 3 行目の all は、the haters の数の多さを強調する語として使われている。

□ 7 行目の節には主語がないが、When (she was) asked about a possible fix というように補って考えるとよい。

□ 11 行目の助動詞 does は、動詞 try を強調する語として使われている。

□ タイトルにもある cancel culture は、セレブやインフルエンサーと呼ばれる人たちの発言や行動を批判し、炎上や不買運動などにつなげ、最終的には彼らのキャリアを社会から「削除」してしまおうとするネット上の動きを指す。日本語でもそのまま「キャンセルカルチャー」と呼ばれることが多い。

イギリス英語です。まずは、ナチュラル音声を聞いて内容を推測しましょう。
次に、ページをめくって、ゆっくり音声（ポーズ入り）に進みましょう。

Air Purifiers **for the Taj Mahal**

Indian authorities are taking measures to protect one of the Seven Wonders of the World from high levels of pollution. Air purifiers have been deployed to cleanse the historic Taj Mahal. The monument has been turning yellow, due to the unbearable amount of smog. The historic landmark is located in Agra, one of the world's most polluted cities.

Aired on November 5, 2019

リスニングのポイント
解説：南條健助（桃山学院大学国際教養学部准教授）

最近のイギリス英語では、[デュ]の音が、しばしば [ヂュ]のように聞こえる。

4行目の due to
[ヂュートゥ]

最近のイギリス英語では、[デュ] の音（発音記号では [dj]）が、しばしば [ヂュ]のように聞こえます。ここでは、due が **[ヂュー]** のように聞こえ、Jew と同じ発音になっています（アメリカ英語では、due は do と同じ発音になりますので、due to は **[ドゥール]** のように聞こ

えます）。また、duty は、日本語では「デューティー」と言いますが、最近のイギリス英語では、**[ヂューティー]** のように聞こえます（アメリカ英語では、**[ドゥーリー]** に近い響きになります）。同様に、produce や reduce の -duce の部分が **[ヂュース]** のように聞こえ、juice と同じ発音になったり、dual が **[ヂューオ]** のように聞こえ、jewel と同じ発音になったりします（アメリカ英語では、-duce の部分が **[ドゥース]** のように、dual が **[ドゥーオ]** のように聞こえます）。

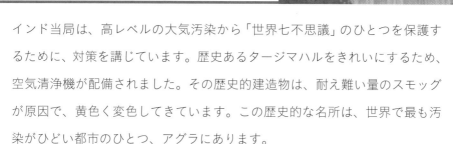

インドの首都ニューデリーの大気汚染レベルは北京の3倍とか。
その影響が遠く離れた地の建物にまで及んでいます。

インドの大気汚染で
タージマハルが変色の危機

インド当局は、高レベルの大気汚染から「世界七不思議」のひとつを保護するために、対策を講じています。歴史あるタージマハルをきれいにするため、空気清浄機が配備されました。その歴史的建造物は、耐え難い量のスモッグが原因で、黄色く変色してきています。この歴史的な名所は、世界で最も汚染がひどい都市のひとつ、アグラにあります。

（2020年3月号掲載）（訳　石黒円理）

British

重要ボキャブラリー

- [ ] **air purifier**
  [pjúərəfàiər]
  《タイトル》空気清浄機

- [ ] **pollution**
  [pəlúːʃən]
  汚染、公害

- [ ] **deploy**
  [diplɔ́i]
  〜を配備する、配置する

- [ ] **cleanse**
  [klénz]
  〜を浄化する、きれいにする

- [ ] **unbearable**
  [ʌnbéərəbəl]
  耐え難い、我慢できない

ニュースのミニ知識

インドの象徴であり、世界遺産にも登録されているタージマハル。その白い大理石の壁が、年々黄色や緑色、茶色に変色しており、大気汚染や虫のふんが原因と指摘されている。これを受けて政府は建物付近に空気清浄機を設置し、観光客の入場者数の制限、車の通行規制などを試みた。しかし一向に改善は見られず、環境保護活動家たちは、政府が建造物を保護する専門的知識を持ち合わせていない、保護活動を怠っているなどと非難している。

ゆっくり音声の適切な個所にポーズ（無言の間）が入れてあります。区切り聞きしてみましょう。
また、ポーズのところで、直前に聞き取った英語を自分で声に出すシャドーイング練習をしてみましょう。
自信がついたら、ポーズなしのゆっくり音声で、さらにはナチュラル音声でも練習してみてください。

Indian authorities are taking measures/
to protect one of the Seven Wonders of the World/
from high levels of pollution.//

Air purifiers have been deployed/
to cleanse the historic Taj Mahal.//
The monument has been turning yellow,/
due to the unbearable amount of smog.//

The historic landmark is located in Agra,/
one of the world's most polluted cities.//

語注

air purifier:《タイトル》空気清浄機	**pollution:** 汚染、公害	**turn:**（ある状態に）なる	**smog:** 煙霧、スモッグ
take measures to do: ～するための対策を講じる、措置を取る	**deploy:** ～を配備する、配置する	**due to:** ～が原因で、～のせいで	**landmark:**（ある地域の）目印、名所
the Seven Wonders of the World: 世界七不思議	**cleanse:** ～を浄化する、きれいにする	**unbearable:** 耐え難い、我慢できない	**be located in:** ～に位置する、ある
	monument: 歴史的建造物、遺跡		**polluted:** 汚染された

ポーズのところで区切った日本語訳です。区切り聞きした英語の意味を確認するほか、
日本語を見て区切られた部分ごとに英語に言い換える「反訳」の練習(日→英サイトトランスレーション)を
すれば発信型の英語力がアップします。

インド当局は対策を講じている /

「世界七不思議」のひとつを保護するために /

高レベルの汚染から。//

空気清浄機が配備された /

歴史あるタージマハルをきれいにするためだ。//

その歴史的建造物は黄色く変色してきている /

原因は耐え難い量のスモッグだ。//

この歴史的な名所があるのはアグラだ /

すなわち、世界で最も汚染がひどい都市のひとつだ。//

ワンポイント解説

□ 6行目は、現在完了進行形を用いることにより、「黄色く変色する」事態が過去に始まって今なお続いていることを表している。大気汚染が深刻化するインドの首都ニューデリーでは、汚染による健康問題が深刻化しているが、その影響は南に約 200 キロ以上離れたタージマハルの大理石を変色させるまでに至っている。

□ タージマハルはムガル帝国第 5 代皇帝シャー・ジャハーンが、1631 年に亡くなった妻ムムターズ・マハルのために建設した総大理石の墓廟(ぼびょう)。1632 年から約 20 年以上かけて建設され、1983 年にユネスコの世界遺産に登録された。

イギリス英語です。まずは、ナチュラル音声を聞いて内容を推測しましょう。
次に、ページをめくって、ゆっくり音声 (ポーズ入り) に進みましょう。

Indonesian Capital to Move

Now, Indonesia's president has revealed the long-anticipated location of the country's new capital. Joko Widodo says a forested area on the east of Borneo will replace Jakarta, which is slowly sinking into the sea. The project will reportedly cost around $34 billion. Officials put the timeline for relocation at 10 years. President Widodo admits moving the capital will be an expensive undertaking, but he insists it's a necessary one.

Aired on August 27, 2019

TOEIC-style Questions

内容を正しく把握できたか、TOEIC® L&RテストPart 4形式の問題で確かめましょう。[正解は次ページ]

1. What did the president of Indonesia announce?

   (A) Plans for a reforestation project on Borneo

   (B) The location of the country's new capital

   (C) A project to stop the capital from sinking into the sea

   (D) Plans for a government project that will raise $34 billion

2. According to the news report, what is the problem with Jakarta?

   (A) It is too far from Borneo.

   (B) It is too expensive to live in.

   (C) It is sinking.

   (D) All of the above

インドネシアの首都は
ジャカルタからボルネオ島に移されます。

ジャカルタ沈没!?
インドネシアの首都移転計画

さて、インドネシアの大統領が、長く待ち望まれた同国の新しい首都の場所を公表しました。ジョコ・ウィドド大統領によると、ボルネオ島の東部にある森林地帯がジャカルタに取って代わりますが、そのジャカルタは海にゆっくり沈みつつあるのだそうです。伝えられるところによると、この計画には約340億ドルの費用がかかります。政府当局は、移転にかかる期間を10年と見積もっています。ウィドド大統領は、膨大な費用がかかる事業になることを認めた上で、首都移転は必要なことだと断言しています。

(2019年12月号掲載)(訳　石黒円里)

British

重要ボキャブラリー

- [ ] **reveal**　[rivíːl]　（隠されていたことを）明らかにする、公開する
- [ ] **long-anticipated**　[æntísəpèitəd]　長く待ち望まれた
- [ ] **replace**　[ripléis]　〜の後を継ぐ、〜に取って代わる
- [ ] **relocation**　[rìːloukéiʃən]　移転、引っ越し
- [ ] **undertaking**　[ʌ́ndərtèikiŋ]　（大きな）仕事、事業

TOEIC-style Questions の答え

1. （B）

2. （C）

設問の語注

announce	〜を公表する
reforestation	森林再生、植林
raise	（資金などを）調達する
according to	〜によると
the above	上記のもの

ゆっくり音声の適切な個所にポーズ（無言の間）が入れてあります。区切り聞きしてみましょう。
また、ポーズのところで、直前に聞き取った英語を自分で声に出すシャドーイング練習をしてみましょう。
自信がついたら、ポーズなしのゆっくり音声で、さらにはナチュラル音声でも練習してみてください。

Now, Indonesia's president has revealed/
the long-anticipated location of the country's new capital.//

Joko Widodo says/
a forested area on the east of Borneo will replace Jakarta,/
which is slowly sinking into the sea.//
The project will reportedly cost around $34 billion.//
Officials put the timeline for relocation at 10 years.//

President Widodo admits/
moving the capital will be an expensive undertaking,/
but he insists/
it's a necessary one.//

語注

capital:《タイトル》首都	**forested area:** 森林地帯	**around:** 〜くらい、約〜	**relocation:** 移転、引っ越し
reveal:（隠されていたことを）明らかにする、公開する	**replace:** 〜の後を継ぐ、〜に取って代わる	**billion:** 10億	**admit (that):** 〜だと認める
long-anticipated: 長く待ち望まれた	**sink:** 沈む、沈没する	**put A at B:** AをB（数量）と見積もる、見なす	**undertaking:**（大きな）仕事、事業
location: 場所、所在地	**reportedly:** 伝えられるところでは	**timeline:** 予定、スケジュール	**insist (that):** 〜だと断言する、強く主張する

ポーズのところで区切った日本語訳です。区切り聞きした英語の意味を確認するほか、
日本語を見て区切られた部分ごとに英語に言い換える「反訳」の練習（日→英サイトトランスレーション）を
すれば発信型の英語力がアップします。

さて、インドネシアの大統領が公表した/

長く待ち望まれたこの国の新しい首都の場所を。//

ジョコ・ウィドド大統領によると/

ボルネオ島の東部にある森林地帯がジャカルタに取って代わるが/

そのジャカルタは海にゆっくり沈みつつあるのだ。//

伝えられるところによると、この計画には約340億ドルの費用がかかる。//

当局者らは移転にかかる期間を10年と見積もっている。//

British

ウィドド大統領は認めている/

首都移転は膨大な費用のかかる事業になるだろうと/

だが、彼は断言している/

これは必要なことだと。//

ワンポイント解説

□ 5行目の関係代名詞 which の先行詞は4行目の Jakarta だが、これは世界にひとつしかない都市なので制限用法で特定する必要がなく、非制限用法で情報を付加する形になっている。

□ 最下行の it は moving the capital を、one は undertaking を指す代名詞。

□ 2019年8月26日、インドネシアのジョコ・ウィドド大統領が同国の首都を移転する計画を発表した。発表された移転先のボルネオ島の東カリマンタン州は比較的未開発の密林地域である。現在の首都ジャカルタでは地下水が主な水源として利用され、その過剰揚水が地盤沈下の要因のひとつとなっている。毎年25センチ沈んでいる地域もあり、2050年には市全域の35%が水没するという調査結果もある。

イギリス英語（厳密にはスコットランド英語）です。まずは、ナチュラル音声を聞いて内容を推測しましょう。
次に、ページをめくって、ゆっくり音声（ポーズ入り）に進みましょう。

Law Helps Workers in Gig Economy

California's state senate is taking direct aim at controversial business practices in the so-called gig economy, where people's jobs, like freelance gigs, don't have the same permanence as regular jobs. Lawmakers passed a measure that would make it much harder for companies like Uber and Lyft to classify workers as independent contractors, who don't have to be paid the minimum wage or receive benefits like health insurance or overtime pay.

Aired on September 12, 2019

TOEIC-style Questions
内容を正しく把握できたか、TOEIC® L&RテストPart 4形式の問題で確かめましょう。［正解は次ページ］

1. **What effect is the new measure likely to have?**

   (A) Freelance gigs will become illegal.

   (B) Wages at Uber and Lyft will fall below the minimum wage.

   (C) Fewer companies will classify workers as independent contractors.

   (D) Overtime pay will become a thing of the past.

2. **What is a common characteristic of independent contractors' jobs?**

   (A) They are not permanent.

   (B) They are minimum-wage jobs.

   (C) The benefits provided include health insurance.

   (D) All of the above

ウーバーのようなアプリを通した配車サービスが
ギグエコノミーの代表例です。

ギグエコノミーの働き手を
法的に保護へ

カリフォルニア州議会上院は、論議を呼んでいる、いわゆるギグエコノミー
におけるビジネス慣行を直接狙い打ちしています。ギグエコノミーでは、フ
リーランスの仕事をはじめとして、人々の仕事に正規雇用のような継続性が
ありません。議会は法案を可決しましたが、これにより、ウーバーやリフト
のような企業が労働者を独立請負人として扱うことは今までよりずっと困難
になりそうです。そういった独立請負人には、最低賃金の支払いを保証した
り、健康保険や時間外賃金といった手当を支給したりする必要がない状況で
す。

(2020年1月号掲載)(訳　石黒円理)

重要ボキャブラリー

□ **controversial** [kɔ̀ntrəvə́ːrʃəl|kɑ̀n-]	論争の的の、論議を呼ん でいる	
□ **permanence** [pə́ːrmənəns]	持続性、永続性	
□ **classify A as B** [klǽsəfài]	AをBに分類する	
□ **contractor** [kɔ́ntræktər|kɑ́n-]	契約者、請負人	
□ **health insurance** [inʃúərəns]	健康保険、医療保険	

TOEIC-style Questions の答え

1. (C)

2. (A)

設問の語注

effect	効果、効力
be likely to do	〜しそうである
illegal	違法な、非合法の
a thing of the past	過去のもの
characteristic	特徴

ゆっくり音声の適切な個所にポーズ（無言の間）が入れてあります。区切り聞きしてみましょう。
また、ポーズのところで、直前に聞き取った英語を自分で声に出すシャドーイング練習をしてみましょう。
自信がついたら、ポーズなしのゆっくり音声で、さらにはナチュラル音声でも練習してみてください。

California's state senate is taking direct aim/
at controversial business practices/
in the so-called gig economy,/
where people's jobs, like freelance gigs,/
don't have the same permanence as regular jobs.//

Lawmakers passed a measure/
that would make it much harder for companies like Uber and Lyft/
to classify workers as independent contractors,/
who don't have to be paid the minimum wage or receive benefits/
like health insurance or overtime pay.//

語注

gig economy:《タイトル》ギグエコノミー ▶インターネットを通じて単発の仕事を請け負う働き方。	**controversial:** 論争の的の、論議を呼んでいる	**measure:** 法案、議案	**minimum wage:** 最低賃金
	permanence: 持続性、永続性	**classify A as B:** AをBに分類する	**benefits:** 手当、給付金
state senate:《米》州議会上院	**regular job:** 正規雇用、定職	**independent:** 独立した、個人の	**health insurance:** 健康保険、医療保険
take aim at: ～に狙いを定める	**lawmaker:** 議員、立法者	**contractor:** 契約者、請負人	**overtime pay:** 時間外賃金、残業手当

ポーズのところで区切った日本語訳です。区切り聞きした英語の意味を確認するほか、
日本語を見て区切られた部分ごとに英語に言い換える「反訳」の練習(日→英サイトトランスレーション)を
すれば発信型の英語力がアップします。

カリフォルニア州議会上院が直接狙いを定めているのは/

論議を呼んでいるビジネス慣行に対してだが/

それはいわゆるギグエコノミーにおけるもので/

そこでの人々の仕事、たとえばフリーランスの仕事は/

正規雇用と同じような持続性を持たない。//

議員たちは法案を可決したが/

それによってウーバーやリフトのような会社が今までよりずっと困難になりそうなのは/

労働者を独立請負人として分類することだ/

独立請負人は、最低賃金は必ず支払われるというわけでもなければ、必ず手当をもらえるというわけでもない/

手当とは、たとえば健康保険や時間外賃金などだ。//

ワンポイント解説

□タイトルにもある gig economy は、音楽バンドや芸人などの単発や一夜限りの仕事を gig(ギグ)と呼ぶことに由来する。

□7～8行目の文は仮定法で、will ではなく、より不確かな未来を表す would が使われている。

□2019年9月10日、米カリフォルニア州上院で、ギグエコノミーで働く人を企業が従業員として分類することを義務付ける法案が通過し、多くの企業のビジネス慣行が根本的に変わる可能性がある。ギグエコノミーは欧米では広く浸透しており、日本でも Uber Eats(ウーバーイーツ)や Airbnb(エアービーアンドビー)などが人気だ。そのほか家事代行など、空き時間を利用して自由に働く人たちが増えている。

イギリス英語 (厳密にはスコットランド英語) です。まずは、ナチュラル音声を聞いて内容を推測しましょう。
次に、ページをめくって、ゆっくり音声 (ポーズ入り) に進みましょう。

Potentially Habitable Planet Found

For the first time, scientists say they've found a relatively nearby planet with water and temperatures that could potentially support life as we know it. Researchers using data from the Hubble Space Telescope say they detected water vapor in the planet's atmosphere and it's warm enough for liquid water to flow there. The so-called super-Earth is several times larger than our planet, and it orbits its red sun every 33 days.

Aired on September 12, 2019

TOEIC-style Questions

内容を正しく把握できたか、TOEIC® L&Rテスト Part 4 形式の問題で確かめましょう。[正解は次ページ]

1. What is most significant about the discovered planet?

(A) It is the closest planet to Earth.

(B) It has some conditions necessary to support life.

(C) It is the first planet discovered using the Hubble Space Telescope.

(D) It orbits a red sun.

2. How is the discovered planet similar to Earth?

(A) It is about the same size as Earth.

(B) It orbits our sun.

(C) Its temperatures are suitable for liquid water.

(D) All of the above

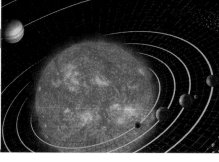

宇宙で生命を見つけられる可能性が
一段と高まってきました。

生命が存在可能な
「スーパーアース」発見！

科学者たちが言うには、比較的近くにある惑星で、しかもわれわれが知って
いるような生命を維持できる可能性のある水と温度を備えた惑星を、初めて
発見したそうです。ハッブル宇宙望遠鏡で得られたデータを利用する研究者
らによれば、彼らはその惑星の大気中に水蒸気を検出しましたが、その惑星
は液体の水がそこを流れるのに足る温かさだそうです。そのいわゆる「スー
パーアース」は、われわれの惑星より数倍大きく、その赤い恒星の軌道を33
日周期で公転しています。

(2020年1月号掲載)（訳　編集部）

重要ボキャブラリー		TOEIC-style Questionsの答え	
□ **habitable** [hǽbitəbl]	《タイトル》生息可能な、居住可能な	**1.** (B)	
□ **detect** [ditékt]	～を探知する、検出する	**2.** (C)	
□ **water vapor** [véipər]	水蒸気	設問の語注	
□ **atmosphere** [ǽtməsfìər]	大気	**significant**	重要な、意義深い
		condition	条件
□ **orbit** [ɔ́ːrbət]	～の軌道を回る、～を周回する	**be similar to**	～に似ている
		be suitable for	～に適している
		the above	上記のもの

ゆっくり音声の適切な個所にポーズ（無言の間）が入れてあります。区切り聞きしてみましょう。
また、ポーズのところで、直前に聞き取った英語を自分で声に出すシャドーイング練習をしてみましょう。
自信がついたら、ポーズなしのゆっくり音声で、さらにはナチュラル音声でも練習してみてください。

For the first time, /
scientists say /
they've found a relatively nearby planet /
with water and temperatures that could potentially support life
as we know it. //

Researchers using data from the Hubble Space Telescope say /
they detected water vapor in the planet's atmosphere /
and it's warm enough for liquid water to flow there. //

The so-called super-Earth is several times larger than our planet, /
and it orbits its red sun every 33 days. //

語注

habitable:《タイトル》生息可能な、居住可能な	**temperature:** 温度、気温	**water vapor:** 水蒸気	**times:**《数詞を伴って》…倍
planet:《タイトル》惑星	**support life:** 生命を維持する	**atmosphere:** 大気	**orbit:** 〜の軌道を回る、〜を周回する
relatively: 比較的、相対的に	**the Hubble Space Telescope:** ハッブル宇宙望遠鏡	**liquid water:** 液体状の水、液体水	**sun:** 恒星、恒星系の中心的な星
nearby: 近くの、隣接した	**detect:** 〜を探知する、検出する	**super-Earth:** 巨大地球型惑星、スーパーアース	

ポーズのところで区切った日本語訳です。区切り聞きした英語の意味を確認するほか、
日本語を見て区切られた部分ごとに英語に言い換える「反訳」の練習（日→英サイトトランスレーション）を
すれば発信型の英語力がアップします。

初めて /

科学者たちは言う /

比較的近くにある惑星を発見したが /

そこにはわれわれが知っているような生命を維持できる可能性のある水と温度が備わっている、と。//

ハッブル宇宙望遠鏡で得られたデータを利用する研究者らによれば /

彼らはその惑星の大気中に水蒸気を検出した /

そしてその惑星は、そこを液体の水が流れるのに足る温かさだという。//

そのいわゆる「スーパーアース」は、われわれの惑星より数倍大きい /

そして、その赤い恒星の軌道を33日周期で公転している。//

British

ワンポイント解説

□ 1行目に For the first time とあるが、生命の居住可能性を秘める領域に存在するスーパーアースにおいて「水蒸気が発見された」というのがこのニュースの目新しさ。

□ 4行目の could と potentially はどちらも可能性を表す語。potentially はなくてもよいが、could の意味をより明確にするために併せて用いられている。

□ スーパーアースは、地球の数倍から10倍程度の質量を持ち、地球に比較的近い成分でできた太陽系外惑星のこと。

□ 発見された惑星は、K2-18b と呼ばれるもので、地球から110光年離れた赤色矮星（わいせい）を周回するスーパーアース。大きさは地球の2倍、質量は8倍と見られている。

イギリス英語（厳密には南アフリカ英語）です。まずは、ナチュラル音声を聞いて内容を推測しましょう。次に、ページをめくって、ゆっくり音声（ポーズ入り）に進みましょう。

Fires Cause Heavy Damage to Wildlife

These deadly bushfires in Australia aren't just destroying human lives; they're also a serious threat to the environment and, of course, to Australia's diverse wildlife. The country's bushland is home to a range of unique animals, including, of course, kangaroos, wallabies, wombats and koalas. And expert[s] fear millions of these creatures have been killed. They say it might take years for the wildlife population to recover.

Aired on January 3, 2020

TOEIC-style Questions

内容を正しく把握できたか、TOEIC® L&Rテスト Part 4 形式の問題で確かめましょう。［正解は次ページ］

1. What did the bushfires in Australia cause great damage to?	2. According to this news report, how many people died in the bushfires?
(A) Diverse wildlife	(A) Dozens
(B) Human lives	(B) Hundreds
(C) The wombat population	(C) Thousands
(D) All of the above	(D) The information is not provided.

火災でけがをした動物たちの救護活動も
懸命に行われました。

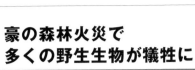

豪の森林火災で
多くの野生生物が犠牲に

British

命を奪うこれらオーストラリアの森林火災は、人間の生活を破壊しているだけではありません。それらは自然環境への深刻な脅威でもありますし、言うまでもなく、オーストラリアの多様な野生生物にとっても脅威です。この国の森林地は固有のさまざまな動物たちの生息地で、もちろんカンガルー、ワラビー、ウォンバット、コアラもそれに含まれます。専門家たちは、これらの生き物が何百万匹も死んでしまったのではないかと危惧しています。彼らによれば、それらの野生生物の個体数が元通りになるには、何年もかかるかもしれないとのことです。

（2020年4月号掲載）（訳　石黒円理）

重要ボキャブラリー		TOEIC-style Questions の答え	
☐ **bushfire** [búʃfàiər]	森林火災、山火事	**1.** （D）	
☐ **threat** [θrét]	脅威、恐れ	**2.** （D）	
☐ **the environment** [enváiərənmənt]	自然環境	設問の語注	
☐ **diverse** [daivə́ːrs]	多様な、さまざまな	**the above** **according to**	上記のもの 〜によると
☐ **bushland** [búʃlæ̀nd]	森林地、未開地	**dozens** **provide**	数十 〜を提供する

ゆっくり音声の適切な個所にポーズ（無言の間）が入れてあります。区切り聞きしてみましょう。
また、ポーズのところで、直前に聞き取った英語を自分で声に出すシャドーイング練習をしてみましょう。
自信がついたら、ポーズなしのゆっくり音声で、さらにはナチュラル音声でも練習してみてください。

These deadly bushfires in Australia aren't just destroying
human lives;/
they're also a serious threat to the environment/
and, of course, to Australia's diverse wildlife.//

The country's bushland is home to a range of unique animals,/
including, of course, kangaroos, wallabies, wombats and koalas.//
And experts fear/
millions of these creatures have been killed.//

They say/
it might take years/
for the wildlife population to recover.//

語注

cause:《タイトル》～を引き起こす、～の原因となる	**destroy:** ～を破壊する、破滅させる	**bushland:** 森林地、未開地	**fear (that):** ～ではないかと危惧する、懸念する
wildlife:《タイトル》野生生物	**threat:** 脅威、恐れ	**be home to:** ～の生息地である	**creature:** 生き物、動物
deadly: 致命的な、命取りの	**the environment:** 自然環境	**a range of:** さまざまな	**population:** （動物の）個体数
bushfire: 森林火災、山火事	**diverse:** 多様な、さまざまな	**expert:** 専門家	**recover:** 回復する、元に戻る

ポーズのところで区切った日本語訳です。区切り聞きした英語の意味を確認するほか、
日本語を見て区切られた部分ごとに英語に言い換える「反訳」の練習（日→英サイトトランスレーション）を
すれば発信型の英語力がアップします。

命を奪うこれらオーストラリアの森林火災は、人間の生活を破壊しているだけではない /
それらは自然環境への深刻な脅威でもある /
そして、もちろん、オーストラリアの多様な野生生物にとってもそうだ。//

この国の森林地は固有のさまざまな動物たちの生息地だ /
もちろん、カンガルー、ワラビー、ウォンバット、コアラを含む。//
そして専門家たちは危惧している /
これらの生き物が何百万匹も死んでしまったのではないかと。//

彼らによれば /
何年もかかるかもしれない /
それらの野生生物の個体数が元通りになるには。//

British

ワンポイント解説

□ 8 行目の文は、最後の killed の後に by the bushfires を補って考えるとよい。

□ 最下行の文は、最後の recover の後に from the bushfires を補って考えるとよい。

□ 2019 年 9 月頃からオーストラリア南東部を中心に発生した大規模な森林火災は、人命被害だけでなく、森林に住む多くの生物と生態系を破壊した。毎年のように発生するオーストラリアの森林火災だが、今回は例年よりも火災地域が広く、森林地帯に住む多くの生物が死傷したり、すみかを失ったりしたと見られる。シドニー大学は約 10 億匹以上の動物が被害を受けたと推計している。

オーストラリア英語です。まずは、ナチュラル音声を聞いて内容を推測しましょう。
次に、ページをめくって、ゆっくり音声（ポーズ入り）に進みましょう。

Black Women Win All Top Pageants

Well, for the first time ever, the winners of the world's top beauty pageants are all black women. That's Miss Teen USA, Miss USA, Miss America and Miss Universe. Hope I didn't "miss" one there. The latest is Miss World. It was awarded to Jamaica's Toni-Ann Singh on Saturday in London. She tweeted that the crown belongs to "all the girls around the world," adding that all of them "have a purpose."

Aired on December 15, 2019

リスニングのポイント

解説：南條健助(桃山学院大学国際教養学部准教授)

オーストラリア英語の母音を聴いてみよう。

4行目のthere

[ゼー]

同行のlatest

[ライデスト]

一般に、教養があるオーストラリア英語の話し手は、標準的なイギリス英語によく似た母音を用いますが、オーストラリア英語特有の母音の響きが聞かれることもあります。まず、there に含まれる母音は、アメリカ英語では、[エア] のように聞こえる二重母音ですが、オーストラリア英語では、[エー] と [アー] の中間くらいの響きがする長母音になります。この点は、標準的なイギリス英語によく似ています。一方、latestの第1音節に含まれる母音（つづり字は a）は、アメリカ英語や標準的なイギリス英語では [エイ] のように聞こえる二重母音ですが、オーストラリア英語では、[アイ] に近い響きになることがあります。ただし、その響きには幅があり、[エイ] と [アイ] の中間くらいの響きの母音を用いる話し手もいますし、同じ話し手が [エイ] に近い母音と [アイ] に近い母音の両方を用いることもあります。

彼女たちの優勝は、
女性美に対する考えの変化を映しているようです。

世界5大ミスコンの栄冠を
黒人女性が独占

さて、史上初めて、世界トップレベルのミスコンテストの優勝者たちが全員黒人女性となりました。それはミス・ティーンUSA、ミスUSA、ミス・アメリカ、そしてミス・ユニバースです。今挙げた中で誰かを見落とすミスをしていないといいのですが。直近のものはミス・ワールドです。土曜日にロンドンで、ジャマイカのトニアン・シンさんに授与されました。彼女はツイートで、この栄冠は「世界中のすべての女の子」のものであると述べ、彼女たち皆に「存在意義がある」と付け加えました。

（2020年4月号掲載）（訳　石黒円理）

重要ボキャブラリー

- □ **pageant**
  [pǽdʒənt]
  《タイトル》= beauty pageant　美人コンテスト

- □ **award A to B**
  [əwɔ́:rd]
  A（賞など）をBに授与する、与える

- □ **tweet that**
  [twíːt]
  〜であるとツイートする、つぶやく

- □ **belong to**
  [bilɔ́(ː)ŋ]
  〜に属する、〜のものである

- □ **purpose**
  [pə́:rpəs]
  目的、意義

ニュースのミニ知識

2019年12月14日、第69回ミス・ワールドの優勝者に、ジャマイカ代表のトニアン・シンさんが選ばれた。同年、他の主要ミスコンでも黒人女性が優勝を総なめにしたことが注目された。1920年代から米国を中心にミスコンテストが開催される中、多くの大会で競われる美しさは白人女性の特徴が主な基準とされていた。有色人種は必然的に不利な立場にあり、黒人女性としてミスコンテストで優勝したのは、1977年のミス・ユニバースが初めてだった。

区切り聞き／シャドーイング　　　　　　　　　　　　　ゆっくり音声［ポーズ入り］

ゆっくり音声の適切な個所にポーズ（無言の間）が入れてあります。区切り聞きしてみましょう。
また、ポーズのところで、直前に聞き取った英語を自分で声に出すシャドーイング練習をしてみましょう。
自信がついたら、ポーズなしのゆっくり音声で、さらにはナチュラル音声でも練習してみてください。

Well, for the first time ever, /
the winners of the world's top beauty pageants are all black women. //
That's Miss Teen USA, Miss USA, Miss America and Miss Universe. //
Hope I didn't "miss" one there. //

The latest is Miss World. //
It was awarded to Jamaica's Toni-Ann Singh /
on Saturday in London. //

She tweeted /
that the crown belongs to "all the girls around the world," /
adding that all of them "have a purpose." //

語注

win: 《タイトル》〜に勝つ、優勝する **pageant:** 《タイトル》＝beauty pageant　美人コンテスト **for the first time ever:** 史上初めて	**winner:** 優勝者、受賞者 **miss:** 〜を見落とす、見逃す **the latest:** 直近の、最新の **award A to B:** A（賞など）をBに授与する、与える	**tweet that:** 〜であるとツイートする、つぶやく **crown:** （優勝者としての）栄冠、タイトル **belong to:** 〜に属する、〜のものである	**around the world:** 世界中の **add that:** 〜ということを付け加える **purpose:** 目的、意義　▶ここでは「存在意義」のニュアンス。

ポーズのところで区切った日本語訳です。区切り聞きした英語の意味を確認するほか、
日本語を見て区切られた部分ごとに英語に言い換える「反訳」の練習(日→英サイトトランスレーション)を
すれば発信型の英語力がアップします。

さて、史上初めて/
世界トップレベルのミスコンテストの優勝者になっているのは、全員、黒人女性だ。//
それはミス・ティーンUSA、ミスUSA、ミス・アメリカ、そしてミス・ユニバースだ。//
そこに誰かを見落とすミスをしていないといいのだが。//

直近ではミス・ワールドだ。//
それはジャマイカのトニアン・シンさんに授与された/
土曜日にロンドンで。//

彼女はツイートした/
この栄冠は「世界中のすべての女の子」のものだと/
加えて、彼女たちには皆「存在意義がある」と。//

ワンポイント解説

□ 6行目は、I hope の I が省略されていると考えるとよい。また、"miss" はミスコンテストの Miss と動詞の miss(〜を見落とす)をひっかけた表現になっている。

□ 7行目の The latest は、The latest title to be awarded(授与された直近のタイトル)と考えるとよい。

□ 最下行の "have a purpose" は、ミス・ワールド・コンテストが容姿以外に知性や人間性なども選考基準とした *Beauty with a purpose* をスローガンとして掲げていることにひっかけている。

□ 今回、初めて同時期に複数のミスコンで多くの黒人女性が優勝し、ミスコンと美の基準が多様化しつつあることが示される結果となった。

NEWS **17**   ナチュラル音声 [1回目] **50**   ゆっくり音声 [ポーズなし] **52**   ナチュラル音声 [2回目] **79**

オーストラリア英語です。まずは、ナチュラル音声を聞いて内容を推測しましょう。
次に、ページをめくって、ゆっくり音声 (ポーズ入り) に進みましょう。

High-Tech Implants for the Brain

SpaceX founder Elon Musk's latest vision for the future is a way to merge your brain with artificial intelligence. Musk is cofounder of Neuralink, a start-up which aims to implant a device in the brain that would communicate with an iPhone app and computers as well. Musk says the device could be used to improve memory, repair motor function or just help people with cognitive defects. He says the trials could begin by the end of next year. Critics, though, are warning about the risks of business enterprises gaining access to brain data.

Aired on July 18, 2019

TOEIC-style Questions
内容を正しく把握できたか、TOEIC® L&Rテスト Part 4 形式の問題で確かめましょう。[正解は次ページ]

1. What does Neuralink hope to do?

(A) Link people's brains to artificial intelligence

(B) Develop computer memory

(C) Explore space

(D) Connect iPhones with computers

2. Who is likely to be especially interested in using this device?

(A) Someone who wants to learn about outer space

(B) Someone with a poor memory

(C) Someone who needs their iPhone repaired

(D) Someone with extremely high intelligence

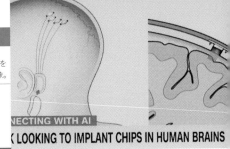

ニューラリンク社が開発している機器を
脳に埋め込んだ際のイメージ画像。

NECTING WITH AI

X LOOKING TO IMPLANT CHIPS IN HUMAN BRAINS

イーロン・マスク、「脳とAIの融合」を目指す

スペースX社の創立者イーロン・マスク氏の最新の未来構想は、人間の脳と人工知能を融合する方法です。マスク氏はニューラリンク社の共同創立者で、同社はアイフォーンアプリやパソコンとも通信できる機器を脳に埋め込むことを目指す新興企業です。マスク氏によれば、この機器は記憶力を改善させたり、運動機能を回復させたりするのにも使える可能性があるし、まさに認知障害のある人を助けるのにも使える可能性があるということです。彼は来年（2020年）末までにはこの機器の臨床試験を開始する可能性があると述べています。しかし、批判的な人たちは、企業が脳の情報にアクセスすることの危険性について警告しています。

（2019年11月号掲載）（訳　石黒円里）

Australian

重要ボキャブラリー

☐ **merge A with B** AとBを融合する、同化させる
[mə́:rdʒ]

☐ **artificial intelligence** 人工知能、AI
[intélidʒəns]

☐ **device** 機器、装置
[diváis]

☐ **motor function** 運動機能
[fʌ́ŋkʃən]

☐ **cognitive defect** 認知障害
[kɔ́gnətiv|kάg-]

TOEIC-style Questionsの答え

1. (A)

2. (B)

設問の語注

explore	〜を探索する
connect A with B	AとBを接続する
be likely to be	〜でありそうだ
outer space	大気圏外、宇宙
repair	〜を修理する
extremely	極端に

ゆっくり音声の適切な個所にポーズ（無言の間）が入れてあります。区切り聞きしてみましょう。
また、ポーズのところで、直前に聞き取った英語を自分で声に出すシャドーイング練習をしてみましょう。
自信がついたら、ポーズなしのゆっくり音声で、さらにはナチュラル音声でも練習してみてください。

SpaceX founder Elon Musk's latest vision for the future/
is a way to merge your brain with artificial intelligence.//
Musk is cofounder of Neuralink,/
a start-up which aims to implant a device in the brain/
that would communicate with an iPhone app and computers
as well.//

Musk says/
the device could be used to improve memory, repair motor
function/
or just help people with cognitive defects.//

He says/
the trials could begin by the end of next year.//
Critics, though, are warning about the risks/
of business enterprises gaining access to brain data.//

語注

implant: 《タイトル》①移植、移植物 ②〜を移植する	**artificial intelligence:** 人工知能、AI	**improve:** 〜を改善する、向上する	**critic:** 批判する人
founder: 創設者、創立者	**start-up:** 新興企業	**repair:** 〜を直す、修復する	**warn about:** 〜について警告する
merge A with B: AとBを融合する、同化させる	**aim to do:** 〜することを目指す	**motor function:** 運動機能	**business enterprise:** 企業、事業
	device: 機器、装置	**cognitive defect:** 認知障害	**gain access to:** 〜にアクセスする

ポーズのところで区切った日本語訳です。区切り聞きした英語の意味を確認するほか、
日本語を見て区切られた部分ごとに英語に言い換える「反訳」の練習（日→英サイトトランスレーション）を
すれば発信型の英語力がアップします。

スペースX社の創立者イーロン・マスク氏の最新の未来構想は /
あなたの脳と人工知能を融合する方法だ。 //
マスク氏はニューラリンク社の共同創立者で /
その新興企業は、ある機器を脳に埋め込むことを目指している /
その機器は、アイフォーンアプリやパソコンとも通信するようになるかもしれない。 //

マスク氏によると /
この機器の用途としてありうるのは記憶力を改善させること、運動機能を回復させること /
あるいは、まさに認知障害のある人を助けることだ。 //

彼は言う /
使用試験は来年（2020年）の年末までには始める可能性があると。 //
だが、批判的な人たちはその危険性について警告している /
企業が脳の情報にアクセスできることに関して。 //

ワンポイント解説

□ 4行目の the brain の the は総称用法。〈the ＋体の部位〉で、体の部位を（特定の個人ではなく）一般的に指す。

□ 10行目の people 以下は、people who have cognitive defects と考えるとよい。

□ 12行目は the trials of the device と語を補って考えるとよい。

□ ニューラリンク社は、脳-マシン・インターフェース（BMI）の機器開発で、人間と人工知能の融合を目標としている。マスク氏は事業説明会で、BMI機器の臨床試験を2020年末までに実施するための申請をしていると発表した。ニューラリンク社が自社開発した小型AIチップ「N1」は、脳からの信号を直接デバイスと連動させ、信号の言語化を行うことなく外部のスマホや電子機器を操作できるという仕組みだ。

Australian

NEWS 18　ナチュラル音声［1回目］ Track 53　ゆっくり音声［ポーズなし］ Track 55　ナチュラル音声［2回目］ Track 80

オーストラリア英語です。まずは、ナチュラル音声を聞いて内容を推測しましょう。
次に、ページをめくって、ゆっくり音声 (ポーズ入り) に進みましょう。

Japan's New Emperor Enthroned

It's a day of ceremony and celebration in Tokyo, as Japan's Emperor Naruhito has now officially completed his coronation. He proclaimed his enthronement to the world earlier in a ceremony steeped in tradition. The rituals began back in May with a much smaller event, when he replaced his father, Akihito. But Tuesday's ceremony was much bigger, held before an audience of royals, dignitaries and other heads of state—all except the parade, which will now take place on November 10th.

Aired on October 22, 2019

TOEIC-style Questions

内容を正しく把握できたか、TOEIC® L&Rテスト Part 4 形式の問題で確かめましょう。[正解は次ページ]

1. When did Emperor Naruhito take his father's place?

   (A) In May

   (B) On the Tuesday mentioned in this news report

   (C) In November

   (D) The information is not provided.

2. What was scheduled for November 10th?

   (A) The completion of the coronation

   (B) The completion of the enthronement

   (C) An event for royals, dignitaries and heads of state only

   (D) A parade

徳仁天皇の即位に伴い、
元号も「平成」から「令和」へと改められました。

徳仁天皇、
伝統的式典で即位を世界に宣言

日本の徳仁天皇が今しがた正式に即位を果たされ、この日、東京は儀礼と祝賀の一日となりました。陛下は先ほど、伝統に包まれて行われた式典において即位を世界に向けて宣言されました。一連の儀式は、陛下の父である明仁上皇の跡を継がれるにあたり、去る5月に、はるかに小規模な行事から始まりました。しかし、（今日）火曜日の式典はそれよりはるかに盛大で、王族や政府高官をはじめとした各国首脳などの来賓を前に行われました——あとはパレードだけが残っていますが、それは（2019年の）11月10日に行われる予定です。

（2020年2月号掲載）（訳　石黒円理）

重要ボキャブラリー

☐ **coronation** [kɔ̀rənéiʃən]	即位、載冠式	
☐ **proclaim** [proukléim]	（正式に）〜を宣言する、宣告する	
☐ **enthronement** [inθróunmənt]	（王などの）即位	
☐ **ritual** [rítʃuəl]	儀式、祭式	
☐ **dignitary** [dígnətèri]	（政府などの）要人、高官	

TOEIC-style Questions の答え

1.（A）

2.（D）

設問の語注

take someone's place	〜の跡を継ぐ
mention	〜に言及する
be scheduled for	〜の予定になっている
completion	完了、完成

—

ゆっくり音声の適切な個所にポーズ（無言の間）が入れてあります。区切り聞きしてみましょう。
また、ポーズのところで、直前に聞き取った英語を自分で声に出すシャドーイング練習をしてみましょう。
自信がついたら、ポーズなしのゆっくり音声で、さらにはナチュラル音声でも練習してみてください。

It's a day of ceremony and celebration in Tokyo, /
as Japan's Emperor Naruhito has now officially completed his coronation. //
He proclaimed his enthronement to the world earlier/
in a ceremony steeped in tradition. //

The rituals began back in May/
with a much smaller event, /
when he replaced his father, Akihito. //

But Tuesday's ceremony was much bigger, /
held before an audience of royals, dignitaries and other heads
of state—/
all except the parade, /
which will now take place on November 10th. //

語注

(be) enthroned:《タイトル》即位する、王位に就く	**emperor:** 天皇	**(be) steeped in:** ～に包まれている、染まっている	**royal:** 王家の人、王族
ceremony: ①《不可算》儀礼、礼儀 ②《可算》式典、祭式	**coronation:** 即位、載冠式	**ritual:** 儀式、祭式	**dignitary:**（政府などの）要人、高官
celebration: 祝賀、祝い	**proclaim:**（正式に）～を宣言する、宣告する	**replace:** ～の跡を継ぐ、～に取って代わる	**head of state:** 国家首脳、元首
	enthronement:（王などの）即位		**take place:** 行われる、挙行される

ポーズのところで区切った日本語訳です。区切り聞きした英語の意味を確認するほか、
日本語を見て区切られた部分ごとに英語に言い換える「反訳」の練習(日→英サイトトランスレーション)を
すれば発信型の英語力がアップします。

東京は儀礼と祝賀の一日だ /
今しがた日本の徳仁天皇(なるひと)が正式に即位を終えたためだ。//
先ほど、彼は即位を世界に向けて宣言した /
伝統に包まれた式典の中で。//

一連の儀式は去る5月に始まったが /
はるかに小さな行事だった /
そのとき彼は父である明仁上皇(あきひと)の跡を継いだのだ。//

だが、火曜日の式典はそれよりはるかに大きかった /
それは王族や政府高官をはじめとした国家首脳などの来賓を前にして行われた―― /
行われたのはパレードを除くすべてのものだった /
パレードは11月10日に行われることになっている。//

Australian

ワンポイント解説

□ 6行目の a much small event は、皇位継承に伴い順を追って行われる一連の「即位の礼」の儀式のうち、2019年5月1日に行われた「剣璽等(けんじ)承継の儀」と「即位後朝見の儀」を指しているが、これは「即位礼正殿の儀」と比べて規模が小さい。

□ 9行目は and it was held... と考えるとよい。

□天皇が皇位を継承したことを国の内外に示す一連の儀式は、「即位の礼」と言われ、今回のCNNニュースで取り上げた「即位礼正殿の儀」は、2019年11月に行われた一世一代の「大嘗祭(だいじょうさい)」と同様にその中核をなすもの。即位礼正殿の儀には、約2000人が参列し、そのうち海外からは191カ国・機関などの432人が出席した。

オーストラリア英語です。まずは、ナチュラル音声を聞いて内容を推測しましょう。
次に、ページをめくって、ゆっくり音声 (ポーズ入り) に進みましょう。

Cameras Target Phone-Using Drivers

It's been called the first of its kind: New South Wales in Australia now has cellphone-detection cameras to crack down on drivers illegally using phones behind the wheel. The government says the cameras will use artificial intelligence. If caught, drivers could face several hundred dollars in fines and penalty points on their license. In a test run earlier this year, officials said, the technology caught more than 100,000 drivers using their phones.

Aired on December 2, 2019

TOEIC-style Questions
内容を正しく把握できたか、TOEIC® L&Rテスト Part 4 形式の問題で確かめましょう。[正解は次ページ]

1. What is the new technology designed to stop drivers from doing?	2. How many drivers did officials say had been caught?
(A) Using cameras	(A) About 100
(B) Using artificial intelligence	(B) Around 1,000
(C) Speeding	(C) Over 100,000
(D) Illegally using cellphones	(D) The technology had not yet been used to catch drivers.

人工知能を搭載することで、
より正確に違反行為を探知できるそうです。

「ながらスマホ運転」の摘発に 新兵器登場！

この種のものではこれが初めての試みだと言われています。オーストラリア

のニューサウスウェールズ州は、今では運転中に違法に携帯電話を使用して

いるドライバーを厳重に取り締まるための携帯電話探知カメラを導入してい

ます。政府によれば、カメラには人工知能が搭載されているそうです。もし

見つかれば、そのドライバーは数百ドルの罰金と、免許証に交通違反点数を

科せられる可能性があります。当局によると、今年すでに行われた試験運用

では、この技術によって、10万人以上のドライバーが携帯電話を使用してい

るところを捉えられたのだそうです。

（2020年3月号掲載）（訳　石黒円理）

Australian

重要ボキャブラリー		TOEIC-style Questions の答え	
☐ **detection** [dɪtékʃən]	探知、検出	**1.**（D）	
☐ **crack down on** [kræk]	〜を厳重に取り締まる、 〜に断固たる措置を取る	**2.**（C）	
☐ **illegally** [ilí:gəli]	違法に、不法に	設問の語注	
☐ **behind the wheel** [hwí:l]	車の運転中に、ハンドル を握って	**be designed to do**	〜するようにでき ている
☐ **penalty point** [pénəlti]	交通違反点数	**stop...from doing**	…が〜するのを阻 止する
		speeding	スピード違反

ゆっくり音声の適切な箇所にポーズ（無言の間）が入れてあります。区切り聞きしてみましょう。
また、ポーズのところで、直前に聞き取った英語を自分で声に出すシャドーイング練習をしてみましょう。
自信がついたら、ポーズなしのゆっくり音声で、さらにはナチュラル音声でも練習してみてください。

It's been called the first of its kind:/
New South Wales in Australia now has cellphone-detection cameras/
to crack down on drivers illegally using phones behind the wheel.//

The government says/
the cameras will use artificial intelligence.//
If caught,/
drivers could face several hundred dollars in fines/
and penalty points on their license.//

In a test run earlier this year,/
officials said,/
the technology caught more than 100,000 drivers using their phones.//

語注

target:《タイトル》〜を標的とする、目標とする	**detection:** 探知、検出	**behind the wheel:** 車の運転中に、ハンドルを握って	**face:** 〜に直面する
the first of its kind: 類のないもの、その種では初めてのもの	**crack down on:** 〜を厳重に取り締まる、〜に断固たる措置を取る	**artificial intelligence:** 人工知能、AI	**fine:** 罰金
cellphone: 携帯電話 ▶ 単に phoneとも言う。	**illegally:** 違法に、不法に	**catch (...doing):** (…が〜しているところを) 見つける	**penalty point:** 交通違反点数
			test run: 試運転

ポーズのところで区切った日本語訳です。区切り聞きした英語の意味を確認するほか、
日本語を見て区切られた部分ごとに英語に言い換える「反訳」の練習(日→英サイトトランスレーション)を
すれば発信型の英語力がアップします。

この種のものでは初めてと言われている /
すなわち、オーストラリアのニューサウスウェールズ州には、今では携帯電話探知カメラがあるのだ /
運転中に違法に携帯電話を使用するドライバーを厳重に取り締まるためである。//

政府によると /
そのカメラには人工知能が使われているそうだ。//
もし見つかれば /
ドライバーは数百ドルの罰金を科せられる可能性がある /
それに、免許証に交通違反点数も。//

今年すでに行われた試験運用で /
当局によると /
その技術は、10万人以上のドライバーが携帯電話を使用しているのを捉えた。//

ワンポイント解説

□ 8 行目は、If drivers are caught using phones behind the wheel と考えるとよい。

□ 10 行目の their license は複数形ではなく単数形で示すことで、各ドライバーが複数の license を持っているという誤解を避けている。

□ 11 行目の test run は名詞句だが、形上は test which was run (行われた試験)とも取れる。

□ 2019 年 12 月、オーストラリア南東部のニューサウスウェールズ州では、運転中にスマートフォンなどを利用する「ながらスマホ運転」を取り締まるため、人工知能を搭載した「高解像度探知カメラ」を導入した。取り締まりは、この人工知能を搭載した赤外線カメラが運転中に携帯電話を使用しているドライバーを自動的に検出して撮影し、その画像を担当者がチェックする、という仕組みになっている。

オーストラリア英語です。まずは、ナチュラル音声を聞いて内容を推測しましょう。
次に、ページをめくって、ゆっくり音声 (ポーズ入り) に進みましょう。

Death of COVID-19 Whistleblower

Across China, there has been a huge outcry over the death of a doctor in Wuhan who was among the first to raise the alarm over the coronavirus. At the time, nearly two months ago, authorities accused him of spreading rumors and warned him he would be prosecuted if he did not remain quiet. The government now says it will investigate some of the, quote, "issues raised by the masses" over the death of this man, who's now being hailed a hero by many.

Aired on February 7, 2020

TOEIC-style Questions

内容を正しく把握できたか、TOEIC L&R®テスト Part 4 形式の問題で確かめましょう。[正解は次ページ]

1. According to this news report, what did Chinese authorities tell the doctor to do?

(A) Raise the alarm

(B) Be quiet about the coronavirus

(C) Spread rumors about the coronavirus

(D) Start an investigation

2. Which of the following best describes public opinion about the doctor?

(A) Many people criticize him for not stopping the spread of the coronavirus.

(B) The most common opinion is that he spread rumors about the virus.

(C) Most people think he should have been investigated.

(D) He is widely considered a hero.

新型コロナウイルスにいち早く警鐘を鳴らした
李文亮（リー・ウェンリャン）医師。

新型コロナ警鐘の医師、
無念の感染死

中国全土で、コロナウイルスに対していち早く警鐘を鳴らした武漢のある医師の死を巡って、大規模な抗議の声が上がっています。当時、2カ月近く前になりますが、当局は流言を広めたかどで彼を非難し、口をつぐまなければ起訴すると彼に警告しました。中国政府が今になって言っているのは、この男性の死にまつわる「大衆が提起した諸問題」の一部について政府は調査を行うということですが、彼は今や大勢の人によって英雄とあがめられています。

（2020年5月号掲載）（訳　編集部）

Australian

重要ボキャブラリー

- □ **whistleblower**　《タイトル》内部告発者、
  [hwíslblòuər]　公益通報者
- □ **outcry**　怒号、激しい抗議
  [áutkrài]
- □ **coronavirus**　コロナウイルス
  [kəróunəvàiərəs]
- □ **prosecute**　～を起訴する、訴追する
  [prósəkjù:t | prá-]
- □ **hail A B**　AをBだと認める、Bと
  [héil]　して称賛する

TOEIC-style Questions の答え

1.（B）

2.（D）

設問の語注

according to	～によると
investigation	調査
describe	～を描写する
criticize	～を批判する
consider A B	AをBと見なす、考える

ゆっくり音声の適切な個所にポーズ（無言の間）が入れてあります。区切り聞きしてみましょう。
また、ポーズのところで、直前に聞き取った英語を自分で声に出すシャドーイング練習をしてみましょう。
自信がついたら、ポーズなしのゆっくり音声で、さらにはナチュラル音声でも練習してみてください。

Across China,/
there has been a huge outcry/
over the death of a doctor in Wuhan/
who was among the first to raise the alarm over the
coronavirus.//

At the time,/
nearly two months ago,/
authorities accused him of spreading rumors/
and warned him he would be prosecuted if he did not remain quiet.//

The government now says/
it will investigate/
some of the, quote, "issues raised by the masses"/
over the death of this man,/
who's now being hailed a hero by many.//

語注

COVID-19: 《タイトル》＝ Corona-virus Disease 2019 新型コロナウイルス感染症 **whistleblower:** 《タイトル》内部告発者、公益通報者	**outcry:** 怒号、激しい抗議 **be among the first to do:** いち早く〜する **raise an alarm:** 警鐘を鳴らす **coronavirus:** コロナウイルス	**accuse A of B:** A を B のかどで非難する **prosecute:** 〜を起訴する、訴追する **remain quiet:** 口をつぐむ、黙っている	**investigate:** 〜を調査する **raise an issue:** 問題を提起する **the masses:** 一般大衆 **hail A B:** A を B だと認める、B として称賛する

ポーズのところで区切った日本語訳です。区切り聞きした英語の意味を確認するほか、
日本語を見て区切られた部分ごとに英語に言い換える「反訳」の練習(日→英サイトトランスレーション)を
すれば発信型の英語力がアップします。

中国全土で /
大規模な抗議の声が上がっている /
武漢のある医師の死に対するものだが /
その武漢の医師は、コロナウイルスに対して、いち早く警鐘を鳴らしてい
た。//

当時 /
2カ月近く前になるが /
当局は流言を広めたかどで彼を非難した /
そして口をつぐまなければ起訴すると彼に警告した。//

中国政府が今になって言っているのは /
政府は調査を行うということだが /
対象は「大衆によって提起された諸問題」の一部で /
この男性の死にまつわるものだ /
この男性は今や大勢の人によって英雄とあがめられている。//

ワンポイント解説

□ 2 行目は there is ではなく there has been
という現在完了形を取ることにより、「それま
でなかったものが存在するようになった」つま
り「〜が生じている、生じつつある」という動
的なニュアンスを表している。

□ 12 行目の "issues raised by the masses" は
"issues which/that are raised by the masses"
というように語句を補って考えるとよい。

□武漢の医師、李文亮(リー・ウェンリャン)
氏が 2020 年 2 月 7 日に亡くなった。李氏は当
局の公表以前から SNS 上で新型ウイルスの危
険性を告発していたが、デマを流したとして当
局から訓戒処分に。その後も病院で勤務してい
たが、自らもウイルスに感染し死亡するに至っ
た。当局は、批判の高まりを受け、対応が間違
っていたことを認め、同年 3 月 5 日に同氏を表
彰した。

重要ボキャブラリーや語注として取り上げたものをまとめてあります。訳語の後ろの数字は、その語いが出てくるニュースの番号を示しています（例：N01=News 01）。そのニュースの文脈を思い出しながら覚えると、語いのニュアンスや使い方も身につきます。

A

- a range of: さまざまな N15
- according to: 〜によると N08
- accuse A of B: A を B のかどで非難する N20
- add that: 〜ということを付け加える N16
- admit that: 〜だと認める N12
- adopt: 〜を採用する、導入する N05
- aim to do: 〜することを目指す N17
- air purifier: 空気清浄機 N11
- alternative: 代わりの、別の N05
- appeal to: 〜の心を捉える、興味を引く N08
- around: 〜くらい、約〜 N12
- around the world: 世界中の N16
- artificial intelligence: 人工知能、AI N17, N19
- ascent: 登頂、登山 N02
- atmosphere: 大気 N14
- award A to B: A（賞など）を B に授与する、与える N16

B

- ban: ①〜を禁止する ②禁止 N02
- banknote: 紙幣 N04
- be among the first to do: いち早く〜する N20
- be based on: 〜に基づく N07
- be born to: 〜のもとに生まれる、〜から生まれる N03
- be enthroned: 即位する、王位に就く N18
- be entitled: 〜と題されている N08
- be home to: 〜の生息地である N15
- be located in: 〜に位置する、ある N11
- be steeped in: 〜に包まれている、染まっている N18
- be submerged: 水浸しになる、水没する N07
- be supposed to do: 〜するはずである N06
- be the case: 事実である、当てはまる N02
- become pregnant: 妊娠する、身ごもる N03
- behind the wheel: 車の運転中に、ハンドルを握って N19
- belong to: 〜に属する、〜のものである N16
- benefits: 手当、給付金 N13
- billion: 10 億 N12
- biodiversity: 生物多様性 N01
- botched: 下手な、未熟な N03
- bushfire: 森林火災、山火事 N15
- bushland: 森林地、未開地 N15
- business enterprise: 企業、事業 N17

C

- cancel: 削除、取り消し N10
- capital: 首都 N12
- captivate: 〜を魅了する、〜の心を奪う N01
- catch...doing: …が〜しているところを見つける N19
- cause: 〜を引き起こす、〜の原因となる N15
- 'cause: = because 〜だから N10

celebration から

- celebration: 祝賀、祝い N18
- cellphone: 携帯電話（単に phone とも言う）N19
- century: 1 世紀、100 年間 N01
- ceremony: ①《不可算》儀礼、礼儀 ②《可算》式典、祭式 N18
- classify A as B: A を B に分類する N13
- cleanse: 〜を浄化する、きれいにする N11
- climb: ①登山道 ②登る N02
- climbing: 登ること、登山 N02
- coastal area: 沿岸部 N07
- codebreaker: 暗号解読者 N04
- coded message: 暗号文 N04
- cognitive defect: 認知障害 N17
- comedian: お笑い芸人、コメディアン N08
- commit suicide: 自殺する N04
- computing: コンピューター科学 N04
- conduct: 〜を実施する、行う N06
- confirm that: 〜であると確認する、確証を得る N01
- contractor: 契約者、請負人 N13
- controversial: 論争の的、論議を呼んでいる N13
- convict: 〜に有罪判決を下す N04
- coral reef: サンゴ礁 N09
- coronation: 即位、戴冠式 N18
- coronavirus: コロナウイルス N20
- couple: 恋人同士、夫婦 N03
- COVID-19: = Coronavirus Disease 2019 新型コロナウイルス感染症 N20
- crack down on: 〜を厳重に取り締まる、〜に断固たる措置を取る N19
- crack: (暗号などを) 解読する、破る N04
- crazy: 頭のおかしい、狂った N10
- creature: 生き物、動物 N15
- critic: 批判する人 N17
- crown: (優勝者としての) 栄冠、タイトル N16

D

- deadly: 致命的な、命取りの N15
- degraded: 劣化した、悪化した N09
- deploy: 〜を配備する、配置する N11
- destroy: 〜を破壊する、破滅させる N15
- detect: 〜を探知する、検出する N14
- detection: 探知、検出 N19
- device: 機器、装置 N17
- die of: 〜が原因で死ぬ N05
- dignitary: (政府などの) 要人、高官 N18
- diverse: 多様な、さまざまな N15
- drug-resistant: 薬物耐性を持った、薬剤耐性の N05
- duct-tape A to B: 粘着テープで A を B に貼る、くっつける N08
- due to: 〜が原因で、〜のせいで N11

E

- ecosystem: 生態系 N09

□ edition: 版、バージョン N08
□ eel: ウナギ N01
□ emergency: 緊急事態 N05
□ emperor: 天皇 N18
□ engage with: 〜と関わる、関わり合う N10
□ enthronement: （王などの）即位 N18
□ equipment: 機器、装置 N06
□ estimate: 見積もり、概算 N07
□ expert: 専門家 N15

F

□ face: 〜に直面する N19
□ failure rate: 失敗率 N05
□ fear that: 〜ではないかと危惧する、懸念する N15
□ fertility clinic: 不妊治療院、不妊治療クリニック N03
□ fetch: （ある値段で）売れる N08
□ find that: 〜であると結論づける N07, N09
□ findings: 調査結果、研究の成果 N07
□ fine: 罰金 N19
□ fit: 〈サイズが〉〜に合う N06
□ fix: 調整方法、解決策 N10
□ flexible: 柔軟性のある、順応性のある N06
□ for good: これを最後に、永久に N02
□ for the first time ever: 史上初めて N16
□ for the very first time: まったく初めて N03
□ forested area: 森林地帯 N12
□ founder: 創設者、創立者 N17

G

□ gain access to: 〜にアクセスする N17
□ get to do: 〜する機会を得る、〜できるようになる N03
□ giant: 巨大な N01
□ gig economy: ギグエコノミー（インターネットを通じて単発の仕事を請け負う働き方）N13
□ go bananas: 熱狂する N08
□ grocery store: 食料雑貨店 N08

H

□ habitable: 生息可能な、居住可能な N14
□ hail A B: A を B だと認める、B として称賛する N20
□ hater: 憎む人、難癖をつけてばかりいる人 N10
□ head of state: 国家首脳、元首 N18
□ head to: 〜へ向かう N02
□ health insurance: 健康保険、医療保険 N13
□ hoax: でっち上げ、作り話 N01
□ homophobic: 同性愛嫌悪の N04
□ honor: 〜に栄誉を授ける、〜を称賛する N04
□ hordes of: 大勢の、大群の N02

I

□ if you can believe it: 《話》信じられないことに、まさかと思うだろうが N09
□ illegally: 違法に、不法に N19
□ implant: ①移植、移植物 ②〜を移植する N17
□ improve: 〜を改善する、向上する N17
□ in vitro fertilization: 体外受精（略称 IVF）N03
□ increase: 増加、増大 N07
□ independent: 独立した、個人の N13
□ indigenous: 先住民の N02

□ insane: 正気でない、ばかげた N10
□ insist that: 〜だと断言する、強く主張する N12
□ instruction: 指示、説明 N08
□ investigate: 〜を調査する N20

L

□ landmark: （ある地域の）目印、名所 N11
□ lawmaker: 議員、立法者 N13
□ lawsuit: 訴訟 N03
□ lead to: 〜につながる、〜を引き起こす N03
□ lead...to do: …を〜するよう導く、…に〜させる N04
□ LGBT: 性的マイノリティーの N04
□ liquid water: 液体状の水、液体水 N14
□ location: 場所、所在地 N12
□ Loch Ness: ネス湖（loch はスコットランド・ゲール語で lake のこと）N01
□ long-anticipated: 長く待ち望まれた N12
□ loudspeaker: 拡声器、スピーカー N09

M

□ mathematician: 数学者 N04
□ measure: 法案、議案 N13
□ merge A with B: A と B を融合する、同化させる N17
□ minimum wage: 最低賃金 N13
□ miss: 〜を見落とす、見逃す N16
□ monster: 怪物、怪獣 N01
□ monument: 歴史的建造物、遺跡 N11
□ mosquito: 蚊 N05
□ motor function: 運動機能 N17
□ mystery: 謎、ミステリー N01

N

□ NASA: = National Aeronautics and Space Administration 米航空宇宙局 N06
□ nearby: 近くの、隣接した N14
□ nightmare: 悪夢、悪夢的なこと N03
□ no joke: 《話》冗談じゃないよ、本当だよ N08
□ not really: あまり〜ない N10
□ note: = banknote 紙幣 N04

O

□ orbit: 〜の軌道を回る、〜を周回する N14
□ outcry: 怒号、激しい抗議 N20
□ overtime pay: 時間外賃金、残業手当 N13

P

□ pageant: = beauty pageant 美人コンテスト N16
□ patch: 一区画 N09
□ penalty point: 交通違反点数 N19
□ permanence: 持続性、永続性 N13
□ permanent: 恒久的な、永久的な N02
□ piece: （芸術などの）作品 N12
□ pioneer: 先駆者、パイオニア N04
□ pivotal: 極めて重要な、中枢の N04
□ planet: 惑星 N14
□ polluted: 汚染された N11
□ pollution: 汚染、公害 N11
□ population: ①（特定の地域の）人々、集団 ②（動物の）個体数 N02, N15
□ possible: 可能性のある、ありえる N10

☐ **previous:** 以前の、前の N07
☐ **proclaim:** (正式に) ～を宣言する、宣告する N18
☐ **prosecute:** ～を起訴する、訴追する N20
☐ **purpose:** 目的、意義 N16
☐ **push for:** ～を強く求める N02
☐ **put A at B:** A を B (数量) と見積もる、見なす N12

R

☐ **raise a fear:** 懸念を引き起こす N05
☐ **raise an alarm:** 警鐘を鳴らす N20
☐ **raise an issue:** 問題を提起する N20
☐ **recover:** 回復する、元に戻る N09, N15
☐ **regular job:** 正規雇用、定職 N13
☐ **relatively:** 比較的、相対的に N14
☐ **relocation:** 移転、引っ越し N12
☐ **remain quiet:** 口をつぐむ、黙っている N20
☐ **repair:** ～を直す、修理する、修復する N06, N17
☐ **replace:** ～の後 (跡) を継ぐ、～に取って代わる N12, N18
☐ **reportedly:** 伝えられるところでは N12
☐ **reptile:** 爬虫 (はちゅう) 類 N01
☐ **researcher:** 調査員、研究者 N01
☐ **respond to:** ～に反応する N09
☐ **reveal:** (隠されていたことを) 明らかにする、公開する N12
☐ **revive:** ～を生き返らせる、復活させる N09
☐ **rising:** 上昇する、上昇中の N07
☐ **ritual:** 儀式、祭式 N18
☐ **rot:** 腐る、腐敗する N08
☐ **royal:** 王家の人、王族 N18
☐ **ruin:** ～を台なしにする、破壊する N10

S

☐ **sacred:** 神聖な、聖なる N02
☐ **sea level:** 海面、海水位 N07
☐ **seawater:** 海水 N07
☐ **sell:** 売れる N08
☐ **settle:** すみかを定める、定住する N09
☐ **sink:** 沈む、沈没する N12
☐ **size-medium:** M サイズの、中の (medium-size が一般的) N06
☐ **skyrocket:** 急上昇する N05
☐ **smog:** 煙霧、スモッグ N11
☐ **solution:** 解答、解決法 N10
☐ **spacesuit:** 宇宙服 N06
☐ **spacewalk:** 宇宙遊泳 N06
☐ **spread:** 広まる、まん延する N05
☐ **start-up:** 新興企業 N17
☐ **state senate:** 《米》州議会上院 N13
☐ **still:** それでもなお、それにもかかわらず N10
☐ **stop doing:** ～するのをやめる、～しなくなる N10
☐ **strain:** 菌株 N05
☐ **struggle to do:** ～するのに苦労する、必死で～しようとする N03
☐ **study:** ～を調べる、観察する N01
☐ **stuff:** 物事、事柄 N03
☐ **sun:** 恒星、恒星系の中心的な星 N14
☐ **super-Earth:** 巨大地球型惑星、スーパーアース N14
☐ **support life:** 生命を維持する N14

T

☐ **take a...sample:** …のサンプルを採取する N01
☐ **take aim at:** ～に狙いを定める N13
☐ **take effect:** 〈法律などが〉施行される、発効する N02
☐ **take measures to do:** ～するための対策を講じる、措置を取る N11
☐ **take place:** 行われる、挙行される N06, N18
☐ **target:** ～を標的とする、目標とする N19
☐ **temperature:** 温度、気温 N14
☐ **test run:** 試運転 N19
☐ **that is:** すなわち、つまり N07
☐ **the better part of:** ～の大半、大部分 N01
☐ **the environment:** 自然環境 N15
☐ **the first of its kind:** 類のないもの、その種では初めてのもの N19
☐ **the Great Barrier Reef:** グレートバリアリーフ(オーストラリア北東部のクイーンズランド州沖に広がる世界最大のサンゴ礁地帯) N09
☐ **the Hubble Space Telescope:** ハッブル宇宙望遠鏡 N14
☐ **the International Space Station:** 国際宇宙ステーション (略称 ISS) N06
☐ **the latest:** 直近の、最新の N16
☐ **the masses:** 一般大衆 N20
☐ **the Seven Wonders of the World:** 世界七不思議 N11
☐ **threat:** 脅威、恐れ N15
☐ **timeline:** 予定、スケジュール N12
☐ **times:** 《数詞を伴って》…倍 N14
☐ **transmit:** (病気などを) 伝染させる N05
☐ **treat:** ～を治療する N05
☐ **treatment:** 治療 N05
☐ **troll:** (ネット上の) 荒らし、荒らす人 N10
☐ **turn:** (ある状態に) なる N11
☐ **tweet that:** ～であるとツイートする、つぶやく N16

U

☐ **unbearable:** 耐え難い、我慢できない N11
☐ **undertaking:** (大きな) 仕事、事業 N12
☐ **underwater:** 水中の、水面下の N09
☐ **urge...to do:** …に～するよう促す N05

V

☐ **visionary:** 先見の明のある、洞察力のある N04
☐ **vulnerable:** 被害を受けやすい、弱い N07

W

☐ **warn about:** ～について警告する N17
☐ **warn that:** ～であると警告する N07
☐ **warning on:** ～に関する警告 N07
☐ **water vapor:** 水蒸気 N14
☐ **whistleblower:** 内部告発者、公益通報者 N20
☐ **wildlife:** 野生生物 N15
☐ **win:** ～に勝つ、優勝する N16
☐ **winner:** 優勝者、受賞者 N16
☐ **work on:** ～の実現に取り組む、開発に取りかかる N06
☐ **World Heritage site:** 世界遺産 N02

本書のご購入者は、下記URLまたは QR コードから申請していただければ、本書の電子書籍版 (PDF) と MP3 音声を無料でダウンロードすることができるようになります。スマートフォンなどに入れておけば便利です。

申請サイト URL (ブラウザの検索窓ではなく、URL 入力窓に入力してください)

https://www.asahipress.com/cnnnl/bilei2ohn/

【注意】
● PDF は本書の紙面を画像化したものです。MP3 音声は本書付録の CD と同一内容です。
● 本書初版第 1 刷の刊行日 (2020 年 4 月 15 日) より 1 年を経過した後は、告知なしに上記申請サイトを削除したり電子書籍版 (PDF)・MP3 音声の配布をとりやめたりする場合があります。あらかじめご了承ください。

［音声＆電子書籍版付き］
CNN ニュース・リスニング 2020 ［春夏］

2020 年 4 月 15 日　初版第 1 刷発行

編　集	『CNN English Express』編集部
発行者	原　雅久
発行所	株式会社 朝日出版社
	〒 101-0065 東京都千代田区西神田 3-3-5
	TEL: 03-3263-3321　FAX: 03-5226-9599
	郵便振替 00140-2-46008
	https://www.asahipress.com (HP)　https://twitter.com/asahipress_com (ツイッター)
	https://www.facebook.com/CNNEnglishExpress (フェイスブック)
印刷・製本	凸版印刷株式会社
DTP	有限会社 ファースト
音声編集	ELEC (一般財団法人 英語教育協議会)
表紙写真	Getty Images
装　丁	岡本 健 + 藤原由貴 (岡本健 +)